新时代中国区域协调发展热点问题研究

中国城市群绿色经济效率差异与影响机制研究
——基于产业集聚的视角

Efficiency Difference and Spatial Influence Mechanism of
Green Economy in China's Urban Agglomeration
–From the Perspective of Industrial Agglomeration

傅 娟◎著

经济管理出版社
ECONOMY & MANAGEMENT PUBLISHING HOUSE

图书在版编目（CIP）数据

中国城市群绿色经济效率差异与影响机制研究：基于产业集聚的视角/傅娟著 . —北京：经济管理出版社，2021.7

ISBN 978 - 7 - 5096 - 8186 - 2

Ⅰ.①中…　Ⅱ.①傅…　Ⅲ.①城市群—绿色经济—经济效率—研究—中国　Ⅳ.①F299.21

中国版本图书馆 CIP 数据核字（2021）第 148877 号

组稿编辑：申桂萍
责任编辑：杜羽茜
责任印制：黄章平
责任校对：董杉珊

出版发行：经济管理出版社
　　　　　（北京市海淀区北蜂窝 8 号中雅大厦 A 座 11 层　100038）
网　　　址：www. E - mp. com. cn
电　　话：（010）51915602
印　　刷：唐山玺诚印务有限公司
经　　销：新华书店
开　　本：720mm×1000mm/16
印　　张：10.5
字　　数：160 千字
版　　次：2021 年 7 月第 1 版　　2021 年 7 月第 1 次印刷
书　　号：ISBN 978 - 7 - 5096 - 8186 - 2
定　　价：58.00 元

论新时代区域协调发展战略的
发展与创新^①

（代序）

一、新时代区域协调发展战略的演进

区域协调发展的概念是在国民经济"九五"计划中正式提出的。当时的背景是：经过近 20 年的改革开放，我国经济社会发展取得长足的进步，经济增长开始进入持续的起飞阶段。但随着城乡收入差距拉大，中西部地区与东部沿海地区的发展差距不断扩大，区域发展的不协调越来越引起中央的高度重视，区域协调发展战略作为指导地区经济和社会发展的战略导向而提出，具有深远的意义。

回顾 20 多年来区域协调发展战略的形成与完善的过程，对我国的经济社会发展起到了重要的作用。

（一）区域协调发展第一阶段（1995~2000 年）

20 世纪 80 年代初期，改革开放开始启动。当时我国的区域经济维持一种低水平的均衡状态。改革开放之初，邓小平同志就高瞻远瞩地提出了"两个大局"

---

① 原文发表于《国家行政学院学报》2018 年第 4 期。略有改动。

的区域发展战略：第一个大局是先集中发展沿海，内地支持沿海地区的发展；第二个大局是沿海发展起来之后，沿海地区再支援内地发展。

在当年改革开放的背景下，东部地区紧紧抓住改革开放带来的发展机遇，利用全球产业向东亚—太平洋地区进行大尺度集中转移的趋势，充分发挥劳动力成本优势，顺应向沿海倾斜的区域发展战略，造成了经济的迅速发展，并在沿海地区形成了我国的制造业基地，进而形成了京津冀、长三角和珠三角这三大都市圈。同时，中西部地区由于区位上的劣势，远离海洋的不利条件，加上对外开放程度较低，经济发展滞后，逐步拉大了与东部地区的经济发展水平差距。在改革开放初期沿海与内地发展水平大体均衡的基础上，到1995年，东部地区与西部地区的人均GDP之比扩大到2.3∶1。

为了改变区域差距日益扩大的趋势，自国民经济"九五"计划起，中央就提出要缓解区域发展差距的扩大，主要途径就是要区域协调发展。因此，从1995年到2000年这五年，是区域协调发展的提出阶段，五年中学术界对区域协调发展的内涵、主要内容等进行了探讨，特别是对中国区域发展的差距进行了研究，重点分析区域差距产生的原因，找出解决的方案。

（二）区域协调发展第二阶段（2000～2012年）

进入21世纪，区域协调发展进入战略构建时期。1999年底中央决定实施西部大开发，我国的区域经济发展进入东部支援西部的新时期。据统计，从2000年至2009年，西部地区GDP年均增长11.9%，高于全国同期的增速。这一时期最显著的特征是基础设施建设取得突破性进展：青藏铁路、西气东输、西电东送、国道主干线西部路段和大型水利枢纽等一批重点工程相继建成，完成了送电到乡、油路到县等建设任务。特别是大规模的交通基础设施建设，改变了西部闭塞的状况，使物流更为通畅，人员出行更为便捷。

2002年，中央提出实施振兴东北等老工业基地，战略核心是对东北等老工业基地进行技术改造，提升发展能力。以国有企业的改组改制的体制机制创新也取得了很大的进展。2004年，中央开始实施中部崛起战略，中部地区以承接产业转移为核心，发展现代制造业。因此，国家在安徽皖江城市带、重庆沿江、湖南湘南、湖北荆州等地建设国家级承接产业转移示范区，取得了明显的成效。

在西部大开发、东北振兴、中部崛起等区域发展战略实施之后，一个覆盖全部国土的区域发展战略开始形成，这就是区域发展总体战略。2004 年的政府工作报告提出"要坚持推进西部大开发，振兴东北地区等老工业基地，促进中部地区崛起，鼓励东部地区加快发展，形成东中西互动、优势互补、相互促进、共同发展的新格局"，标志着全国进入区域协调发展的新阶段。2007 年党的十七大报告，在区域发展总体战略上，加上了生态文明建设的内容，使经济与生态并列，主体功能区政策配合生态文明建设而出台。

（三）区域协调发展第三阶段（2012～2018 年）

在党的十八大之后，习近平总书记多次强调要继续实施区域发展总体战略，促进区域协调发展，是今后相当长一段时间内区域发展的基本战略思想。

习近平总书记强调，区域政策和区域规划要完善、创新，特别强调要缩小政策单元，重视跨区域、次区域规划，提高区域政策精准性。提高区域政策精准性是习近平总书记狠抓落实的工作作风的一贯延续和务实作风的重要体现。

多年来，我国的区域发展战略的政策单元基本上是宏观大尺度的，是对若干省份组成的大区域进行战略指导。从顶层设计的角度讲，这种大区域的战略指导无疑是不可或缺的。但是，战略的落实需要有具体区域的规划，这就必须提高区域政策的精准性，更加有效地依据当时当地的资源条件和发展环境提出有针对性的发展路径。2013 年的中央经济工作会议中，中央把改善需求结构、优化产业结构、促进区域协调发展、推进城镇化作为中国经济发展的四个主攻方向，提出加大对革命老区、民族地区、边疆地区、贫困地区的扶持力度，"精准扶贫"是这一时期提出的最有代表性的扶持政策。

区域协调发展战略的另一个重要发展，是在党的十八大之后，中央推出京津冀协同发展战略、长江经济带发展战略和"一带一路"倡议，形成了新的区域发展战略。

（四）新时代区域协调发展战略的提升

党的十九大报告将区域协调发展战略首次提升为统领性的区域发展战略，正是为了解决新时代社会主要矛盾中的"不平衡不充分"的发展问题。

习近平总书记在党的十九大报告中对区域协调发展战略的阐述是：加大力度支持革命老区、民族地区、边疆地区、贫困地区加快发展，强化举措推进西部大开发形成新格局，深化改革加快东北等老工业基地振兴，发挥优势推动中部地区崛起，创新引领率先实现东部地区优化发展，建立更加有效的区域协调发展新机制。以城市群为主体构建大中小城市和小城镇协调发展的城镇格局，加快农业转移人口市民化。以疏解北京非首都功能为"牛鼻子"推动京津冀协同发展，高起点规划、高标准建设雄安新区。以共抓大保护、不搞大开发为导向推动长江经济带发展。支持资源型地区经济转型发展。加快边疆发展，确保边疆巩固、边境安全。坚持陆海统筹，加快建设海洋强国。习近平总书记的报告概括了区域发展的全部内容，区域协调发展战略与乡村振兴战略等已经一起成为新时代建设现代化经济体系的重要组成部分。

二、区域协调发展战略的理论内涵

区域协调发展战略是在马克思主义经济学和习近平新时代中国特色社会主义经济思想指导下的区域经济研究的最新发展，有着坚实的理论基础和明确的理论标准。

（一）区域协调发展的理论标准

"协调"的含义是"配合适当、步调一致"。所谓协调发展，就是促进有关发展各系统的均衡、协调，充分发挥各要素的优势和潜力，使每个发展要素均满足其他发展要素的要求，发挥整体功能，实现经济社会持续、均衡、健康发展。

从理论上讲，协调发展反映的是人们对市场经济规律的认识，是把经济规律和自然规律结合起来认识客观世界的实践总结。在全面建设小康社会的进程中，坚持协调发展，就是要自觉地纠正一些地区和领域出现的重经济增长、轻社会进步，重效率、轻公平，重物质成果、轻人本价值，重眼前利益、轻长远福祉，重局部、轻全局的倾向，避免造成经济社会发展的失衡。为实现经济社会可持续发展的战略目标，不是单纯追求 GDP 的增长，而是在经济发展的基础上提升全体人民的福利。

从区域发展的宏观目标出发，区域协调发展的理论标准是：

第一，缩小并最终消除区域发展差距。现阶段促进区域协调发展的一项首要任务，就是要遏制地区间人均生产总值扩大的趋势，并努力使之保持在一个适度的范围内，在实现平衡发展的过程中逐步缩小。

第二，实现区域间公共服务的适度均衡。包括义务教育、公共卫生、基本医疗、社会保障、劳动就业、扶贫开发、防灾减灾、公共安全、公共文化等基本公共服务，不应因地区的不同、人群的不同而有明显的差异。

第三，实现地区间发展机会的均等。包括资源开发、企业进入、基础设施、城市建设、乡村振兴等方面的机会均等，使各地区的比较优势都能够得到合理有效的发挥，有效消除区域间的利益冲突，促进区域间的优势互补、互利互惠。

第四，实现人口、资源与环境的可持续发展。习近平总书记的"绿水青山就是金山银山"的理论，从根本上讲清楚了人口、资源与环境和谐发展的质的规定性，只有让人与自然关系处于和谐状态，才能真正做到区域可持续发展。

（二）协调发展的区域经济学特征

如果我们把协调发展作为区域经济的一种形态，在区域经济学上具有空间性、功能性、动态性和综合性等基本特征。

1. 区域协调发展的空间性特征

从区域经济的理论出发，区域经济是特定区域的经济活动和经济关系的总和。如果我们把全国的国民经济看作一个整体，那么区域经济就是整体的一个部分，是国民经济整体不断分解为它的局部的结果。对于国家的经济来说，整体系统涵盖了部门体系，也涵盖了区域体系。区域是一个实体，是一个子系统。区域体系是由无数个区域实体组成的，而且每一个实体都有其自身的特点和运行规律。我们把国家宏观经济管理职能下面的、按照地域范围划分的经济实体及其运行，都看作区域经济的运行。

区域协调发展的空间性特征表明，不能抛开区域与国家的关系而孤立考虑区域的发展，也不能用每一个区域经济增长的叠加来计算国民经济整体的增长。正确处理区域与国家的关系和区域之间的关系，是促进协调发展的重要原则。

2. 区域协调发展的功能性特征

区域协调发展的功能性主要通过区域定位来体现。也就是说，我们把国民经济看作一个完整的区域系统，根据区域协调发展的要求，各区域的发展必须有一个明确的区域定位，规定该区域在区域系统中扮演的角色。区域定位展示出一个区域的功能特点，找出区域的产业优势和区域的资源优势，形成主导产业，确立带动规划、战略和政策配套。

区域协调发展的功能性在区域产业发展中的表现，就是在产业发展的过程中形成区域产业功能结构。这个结构是由主导产业、辅助产业和基础产业共同组成的，功能结构的优化也是区域产业结构优化的重要内容。

3. 区域协调发展的动态性特征

在国家的区域发展中，有的地区水平高些，有的地区水平低些；有些地区发展快些，有些地区发展慢些，并且在不断的变化当中，区域经济的动态性特征是明显存在的。区域协调发展理论为我们提供的是如何正确处理公平与效率的问题：把生产要素投入发达地区，效率高些，地区间的差距拉大；投入落后地区，可缩小差距，但又可能会影响效率。所以，如果一项区域发展政策能够实现区域的帕累托改进，这项政策就是可行的。

新时代的区域经济应当更加强调公平发展。区域协调发展正是对区域发展导向的调整和干预，旨在树立整体协调的区域之间的发展关系。

4. 区域协调发展的综合性特征

协调发展是区域发展综合性的一种体现。解决区域发展中存在的问题，需要对区域发展的方方面面统筹兼顾，形成各类综合体。区域的发展不能仅对统计意义上的"整体"做贡献，还要真正惠及由各个区域组成的有机整体。

新时代的区域协调发展战略，最大的特点就是增强了区域发展的综合性。以区域协调发展战略来引领"四大板块"之间、经济带之间、城乡之间、类型区之间的发展关系，从而将区域发展与国民经济发展更加紧密地结合在一起。

三、新时代区域协调发展战略的核心内容

区域协调发展战略的核心内容，是要有效发挥区域优势，正确处理区域关系，形成要素有序自由流动、基本公共服务均等、资源环境可承载的区域发展新格局。

（一）区域经济发展战略的提升与完善

多年来，我国制定了大量的区域规划和发展战略，从大的地域性发展战略到国家级的各类区域的规划，对我国的区域发展起到了重大的成效。特别是当前，这些规划都到了规划成效的显现时期，对这些规划的总结、提升与完善，是区域协调发展的重要任务之一。

区域发展总体战略是以"四大板块"的协调为基础的，中心是以地理位置并考虑行政区所形成的"政策覆盖区"的协调发展，强调的是对区域板块的政策指导和发展定位，所以没有过多考虑区域板块之间的经济联系。因此在全面高效指导我国地区经济的协调发展中，迫切需要加强板块之间的联系。2014年中央经济工作会议指出：要完善区域政策，促进各地区协调发展、协同发展、共同发展。要重点实施"一带一路"倡议、京津冀协同发展战略、长江经济带战略。经济带战略，恰恰就是从加强区域经济联系的角度进行的政策设计。所以，区域协调发展战略是在继承区域发展总体战略基础上的完善与具体化，是新时代中国区域经济发展的统领性战略。

从板块和类型区协调向全面协调转变，从地域上实现全覆盖，在实施中划定重点区和经济带，对特殊区域采取特殊具体政策，不断细化区域规划使之更有针对性，这就是新时代区域协调发展战略的最大特点。

（二）完善促进区域协调发展的体制机制

经过 40 多年的改革开放和多年的高速发展，我国每个区域都获得了长足的进步，但区域之间的关系始终存在不协调的状况。新时代区域协调发展战略的重要任务之一，是构建完善的区域发展的体制机制。

首先是协同发展机制。当前协同发展的主要区域是京津冀地区。京津冀地区是国家最重要的畿辅地区，但京津冀地区一体化发展远未形成。2014 年 2 月 26 日，习近平总书记在北京主持召开座谈会，听取京津冀协同发展工作汇报，强调实现京津冀协同发展，是面向未来打造新的首都经济圈、推进区域发展体制机制创新的需要。推动区域协同发展的关键是形成协同发展的机制，包括城市、交通、生态、产业等各个方面，都需要有区域协同的发展机制。

其次是区域经济一体化机制。当前区域经济一体化最成熟的是粤港澳大湾区。区域经济的一体化是包括商品贸易、基础设施、要素流动和政策设计等多个方面的一体化，要有统一的领导，编制一体化的发展规划，制定相关的发展政策，用来推动资本、技术、产权、人才、劳动力等生产要素的自由流动和优化配置。

再次是区域合作机制的完善。"长三角地区"的区域合作是全国的典范。在建立地区党政主要领导定期会晤机制的基础上，进一步探索建立有组织、可操作的专项议事制度，积极推动各类经贸活动的开展。加强政策的统一性和协调性，消除市场壁垒，规范市场秩序，形成良好的政策环境和发展条件。

（三）构建精准性的政策体系和可操作的政策平台

为了提高政策的精准性，全方位、多层次的协调发展需要有与之相适应的政策平台。经过多年的实践，我国管理区域政策平台的经验已经日臻成熟。国家发改委等有关部门近 10 年来出台了数十个发展规划和区域发展的"指导意见"，取得了显著的效果。

当前的问题是，随着区域经济发展态势的变化，政策范围过宽、各类政策不连贯、政策功能不明确的问题开始显现。例如，开发区政策、国家级新区政策、综合配套改革试验区政策与主体功能区政策之间的联系就比较少，有些地方甚至存在一定的冲突。所以，建立统一规范、层次明晰、功能精准的区域政策体系，是从全局性和区域性出发推进区域协调发展的重要途径。发挥区域政策在宏观调控政策体系中的积极作用，可以加强区域政策与财政、货币、产业、投资等政策的协调配合，突出宏观调控政策的空间属性，提高区域政策的精准性和有效性。

优化区域创新与发展平台。我国当前经济增长动力正在发生转换，实施区域协调发展战略需要培育区域经济新动能，需要改革区域创新的体制机制，而这些动能的转化落实在空间上，就是要进一步完善各类发展平台。具体措施：一是激发活力，以体制机制改革促进经济活力的迸发，以科技创新促进生产能力的提升；二是拓展空间范围，让这些功能平台更多向中西部地区、革命老区、边疆地区、贫困地区延伸，使这些政策资源匮乏的区域获得加快发展的政策资源；三是自身优化，当前看这些功能平台的发展参差不齐，对区域发展起到的作用也差别很大。自身优化的核心是调动发展能力，提升产业层次，拓展产业规模。

加强区域规划的权威性和操作性。区域规划是充分发挥地域优势、谋划区域未来发展的纲领性文件。多年来，我国的区域规划已经成为区域发展、产业选择和项目安排的依据。然而，并不是所有的区域规划都能够得到有效的实施。原因就在于有些规划不具有权威性和可操作性。从我国目前的情况来看，区域发展最需要加强规划的是跨行政区的区域发展，而恰恰是这类"合作区"的规划最难实施。难点就在于行政区的利益难于协调。做好区域规划与相关规划的衔接配合，真正实现"多规合一"，做到"一张蓝图绘到底"，不因地方政府换届而造成政策多变，保持政策连贯性。

（四）保障国家和区域生态安全

推进生态文明建设是新时期区域发展的重要组成部分，是区域可持续发展的重要保障。习近平总书记十分重视生态文明建设，多次指出建设生态文明，关系人民福祉，关乎民族未来。把生态文明提高到民族生存的高度来认识，是从来没有过的，也体现了习近平总书记在区域发展上的高瞻远瞩。

由于我国国土面积广大，生态环境多种多样，同时历史遗留的环境问题较为严重，建设生态文明的任务十分繁重。对于如何推进生态文明建设，习近平总书记从着力树立生态观念、完善生态制度、维护生态安全、优化生态环境，形成节约资源和保护环境的空间格局、产业结构、生产方式、生活方式等方面提出了基本的思路。他指出必须树立尊重自然、顺应自然、保护自然的生态文明理念，坚持节约资源和保护环境的基本国策，坚持节约优先、保护优先、自然恢复为主的方针。

经济发展同生态环境保护的关系历来是十分复杂和难以处理的关系。习近平总书记强调，牢固树立保护生态环境就是保护生产力、改善生态环境就是发展生产力的理念，更加自觉地推动绿色发展、循环发展、低碳发展，决不以牺牲环境为代价去换取一时的经济增长。这种理念突出地反映了我国对区域发展的新思路，这种思路是可持续发展的最高理念。

四、新时期区域协调发展战略的实施重点

新时代区域协调发展战略需要理论深化，更需要实践的创新探索。在构建新时代现代经济体系的大背景下，实施区域协调发展战略，需要完成六大重点任务。

（一）加快特殊区域发展，核心是解决区域援助问题

党的十九大报告中首先提到特殊区域的发展：加大力度支持革命老区、民族地区、边疆地区、贫困地区加快发展。特殊区域一般都是问题区域，这些区域存在的问题有：基础设施缺乏和基本公共服务不完善，是掣肘地区经济发展的瓶颈；产业基础薄弱，缺乏特色，大多数地区以农业生产或畜牧养殖为主，发展的能力很低；特殊区域大多远离市场，资源丰富但开发程度不高，很难吸引企业入驻。

对于上述特殊区域的发展战略，应采用对口援助。给予特殊的政策支持，对于本身发展能力弱的区域，增加人力物力的支援。

（二）完善"四大板块"战略，核心是在国土全覆盖的情况下解决如何实现协调发展问题

针对不同地区实施全覆盖的"四大板块"战略，是以地理单元为基础形成的区域发展战略。由西部开发、东北振兴、中部崛起、东部率先组成的区域发展总体战略，多年来在解决空间关系、缩小发展差距和优化配置资源等方面发挥了重大的效用。新时代的区域协调发展战略，就是要继续发挥"四大板块"在空间协调上的作用，同时加强经济联系、推动要素流动，处理好板块之间、省际之间和中间地带如何实现全覆盖发展的问题。

（三）推进经济带发展战略，解决如何加强区域协同、创新和经济联系问题

目前形成国家战略的三大经济带：环渤海经济带（京津冀为核心）、长江经济带和丝绸之路经济带，均是在一个开放的区域空间中，由相对发达的区域与相对不发达的区域结合构成的。经济带的形成在一定程度上可以优化相对落后区域的生产力布局，促使区域要素配置发生积极变化，进而推动相邻地区经济的协同发展。

与局域性发展战略相比，经济带发展战略涉及地域空间范围更广、合作内容更全。从地域上看，这是跨省级行政区乃至连接国内外的空间安排；从内容上看，经济带发展战略强调基础设施互联互通、重点领域率先突破和体制机制改革创新，通过改革创新打破地区封锁和利益藩篱。经济带发展战略的深入实施，促使我国区域经济版图从主要依靠长三角、珠三角和京津冀三大引擎带动的传统格局，向区域联动、轴带引领、多极支撑的新格局转变，这必将对促进区域协调发展注入新的动力。

（四）实施城市化战略，解决区域发展的带动与承载问题

城市化是现代化的必由之路，是保持经济持续健康发展的强大引擎，是加快产业结构转型升级的重要抓手，是推动区域协调发展的有力支撑，是解决"三农"问题的重要途径和促进社会全面进步的必然要求。

空间格局上，城市群、中小城市和小城镇将是新型城镇化的主要载体，中小

城镇是接纳农村转移人口的主要承载区域。产业发展上，城市化需要产业支撑，通过城市群集聚要素，提高服务业比重，吸纳新市民就业。当前，城市群的作用越来越强。以城市群引领区域经济发展的趋势未来还会继续加强。与此同时，大城市特别是超大城市的功能正在进一步疏解；此外，城市发展正从粗放到精致转化。对于城市群的带动力与承载力的评估将是下一步研究的重点。

（五）重视"问题区域"发展，解决资源枯竭型地区和衰退地区的复苏问题

"问题区域"不同于"后发区域"，它是曾经辉煌和发达、后来落伍的区域。当前我国的"问题区域"主要集中在北方资源枯竭地区和东北等老工业基地。这些区域的一个共同特点，可以概括为"单一结构"区域：就是以某一类资源为基础形成的资源型产业在当地的产业结构中比重很大，当地经济的繁荣与衰退完全被这类资源产品的价格所左右。"单一结构"地区当前面临的是产业选择和综合发展的难题。把握好产业发展的次序，"单一结构"区域才能在产业转型中步入合理路径。

（六）坚持陆海统筹战略，解决建设海洋强国与海洋国土开发问题

陆海统筹最初是在"十二五"规划中明确提出的。将发展海洋经济、建设海洋强国放在战略的高度。党的十九大报告从战略高度对海洋事业发展做出了重要部署，明确指出要"坚持陆海统筹，加快建设海洋强国"。在当前的国际局势下，继续推动陆海统筹战略，必须统筹海洋维权与周边稳定、统筹近海资源开发与远洋空间拓展、统筹海洋产业结构优化与产业布局调整、统筹海洋经济总量与质量提升、统筹海洋资源与生态环境保护、统筹海洋开发强度与利用时序，并以此作为制定国家海洋战略和制定海洋经济政策的基本依据。

总体来看，党的十八大以来，"一带一路"建设、京津冀协同发展、长江经济带发展、粤港澳大湾区建设等重大区域战略稳步推进，区域板块之间融合互动，区域发展协调性持续增强，形成了区域协调发展新格局。习近平总书记在党的十九大报告中提出了"新时代"的重大命题：到2050年分"两步走"实现现代化的中国梦，引发了经济学界对于新时代中国经济发展的广泛讨论。其中，建

设现代化经济体系是实现现代化的主要途径，区域协调发展战略是建设现代化经济体系的重要一环，是我国指导区域经济和社会发展的基本战略之一，是解决新时代人民日益增长的美好生活需要和不平衡不充分的发展之间的矛盾的关键途径。

新时代中国区域经济的协调发展需要理论的进一步深化，进而来指导实践的创新。在经济管理出版社的大力支持下，我们组织编写了《新时代中国区域协调发展热点问题研究系列丛书》，本丛书涵盖了京津冀协同发展、长江经济带、西部大开发、中部崛起、粤港澳大湾区建设、"一带一路"建设、县域经济发展、贫困区域发展等区域经济的主题；各位作者围绕区域经济体系建设、主体功能发展、城市群（都市圈）发展、自由经济区问题、区域合作问题和区域交通建设等方面，进行了深入的研究，形成了一批有分量的成果。

愿这套丛书的出版能为中国区域经济协调发展的研究者提供理论的支撑和实践的参考。鉴于实践和资料所限，本丛书还存在诸多方面的不足，需要不断完善和补充，真诚希望学界和各位同人提出宝贵的意见和建议。

孙久文

中国人民大学应用经济学院教授、博士生导师

全国经济地理研究会会长

中国区域经济学会副会长

中国区域科学协会副会长

2019 年 9 月于北京

前　言

在当代世界经济发展日新月异、全球化进程加快推进的背景下，城市群不仅引领世界各国和区域的经济发展，更是各国参与全球竞争和强化其在国际分工中重要性地位的基本地域单元。目前，城市群的经济总量在西方发达国家中的占比已经达到整个国家经济总量的70%～80%，相比之下，我国十大城市群的经济总量仅约占全国经济总量的一半。未来几十年，城市群的发展对于我国国家经济的发展和国土空间格局优化开发的引领作用越来越重要。城市群乃是我国实施城市化战略和区域经济发展战略的共同的战略地域平台，同时也是在国家层面上实现经济效率与空间公平"双赢"并积极参与全球经济竞争的战略地域平台。因此，以培育和优化城市群的发展来提升我国在全球化竞争中参与主体的地位以及国家竞争力，不仅意义重大而且极为迫切。

本书运用区域经济学、城市经济学和经济地理学等多学科的基本原理和方法，采用规范分析与实证分析相结合、定性分析与定量分析相结合、动态分析与静态分析相结合，以及比较分析等多种方法，从产业集聚的视角分析中国城市群绿色经济效率变化及影响因素。

首先，对本书的选题背景和研究意义、研究的核心问题、研究思路与结构安排，以及主要创新点与不足之处进行简要介绍，回顾了经济学与地理学关于集聚与经济增长理论的历史脉络。从本书主题出发，对城市群集聚与地区经济发展理论中的代表性研究进行了梳理，分别围绕"经济活动的空间聚集"以及"地区动态增长路径与结构变迁"，对外部性与集聚以及集聚与地方经济的一些理论和实证研究进行了评述，指出现有研究的不足和有待改进之处，并归纳了新经济地理学视角下产业集聚与经济效率的主要研究成果，尝试探讨产业集聚与城市群经济增长互动机制以及产业集聚会如何影响城市全要素生产率的提高。

其次，本书对城市群固定资本存量和地区生产总值进行平滑处理后，使用非径向、非角度的方向性距离函数 DEA－SBM 模型和全局 ML 生产率指标，测算中国 21 个城市群的绿色技术效率、ML 生产率指数和绿色全要素生产率。然后对结果进行分析，并以测算出来的城市群绿色全要素生产率为被解释变量，利用城市群面板数据和动态 GMM 估计方法，讨论产业集聚与城市群经济效率之间的非线性关系，找出门槛值，验证"威廉姆森假说"和"开放性假说"在中国城市群的适用性。随后，以长江中游城市群为例，研究产业集聚对经济效率的影响，利用空间计量模型将地理因素纳入考虑范围，分析产业集聚对其绿色经济效率的影响。

通过研究本书得出如下结论：

（1）中国城市群绿色全要素生产率得到了较大提高，主要是来源于技术改进；绿色全要素生产率对中国城市群经济增长的贡献率较低，说明我国城市群的发展粗放型特征明显。中国城市群绿色全要素生产率存在明显的群际差异性，从东、中、西部三大区域层面来看，未出现明显的趋同或者扩大趋势。中国城市群的经济发展和效率提升需要充分考虑本地区的人口集聚规模、经济发展水平和贸易开放度。对于人口规模较小、发展水平不高和开放度较低的中西部城市群而言，应积极引导人口和资源向城市群的核心城市集聚，以发挥核心城市的规模经济效应和产业多样化集聚的雅各布斯外部性，形成以中心城市为核心、中小城市协调发展的城市组织结构。对于人口众多、经济发展和贸易开放度较高的东部城市群而言，需要适度分散核心城市低端制造业的集聚度，提高城市群内部各城市产业分工的专业化度，防止单一城市扩张带来的拥挤效应，有效降低产业集聚的不经济因素。

（2）政府应从产业关联效应的视角改善城市群产业结构调整的外部环境。根据不同城市群的产业比较优势，鼓励互补性和关联性较强的产业进行集聚，尤其是制造业与生产性服务业的相互融合、互促共进。一方面，强化在城市群人力资本、信息水平和交通基础设施的积累和投入，扩大制造业与服务业进行互动的区域边界。另一方面，充分发挥制造业集聚与服务业集聚的马歇尔外部性和雅各布斯外部性，构建两者在信息共享、知识溢出、专业化人才等方面交流与融合的长效机制。

（3）为消除不同城市间的"市场分割"，减少对生产要素和商品流通的限制，政府行为应逐渐让位于市场机制。劳动力和资本在跨区域流动和土地要素在跨区域配置过程中遭遇的诸多制度性障碍及行政壁垒使产业的空间集聚效应严重受挫，应尽快给要素市场"松绑"并在城市之间建立起"共同市场"，以打破行政层级壁垒和地区保护的方式来释放"制度红利"，从而提高城市群的经济效率。

目　录

第一章　绪论

改革开放以来，中国正处于城市化快速发展的阶段。2013 年中国城镇人口占总人口的比重为 53.70%，与 1978 年相比增加了 35.78%。[①] 人口大量向大城市以及特大城市涌入，使分工不同、规模不同但在地理位置上又彼此邻近的城市形成在产业上紧密联系的城市综合体——城市群，而城市群作为经济增长极，其发展质量直接关乎我国未来经济发展走向。本章从产业集聚对城市群发展的影响因素着手，提出研究中国城市群绿色经济效率的背景、意义及主要表现形式，并对本书总体的研究思路、内容、方法、技术路线以及本书的创新与不足进行概括性介绍。

第一节　问题的提出

关于中国城市群问题的研究需要回答三个方面的基本问题，即"为什么要研究中国城市群""从什么视角来理解中国城市群的发展"，以及"用什么方法来

---

① 数据来源于中国国家统计局。

分析中国的城市群发展"。因此，本书的选题背景与研究意义正是基于这三个方面展开的。

第二节 研究背景及研究意义

一、研究背景

随着经济全球化的进程加快，城市群在国家社会经济发展中的地位逐步提高，已经成为国家在全球经济往来中的重要竞争主体，因此，城市群的健康发展将是提高我国国际竞争力的重要途径和手段。改革开放以来，中国城镇化先后经历了城镇化复苏和快速城镇化阶段。从1996年开始，中国城市化迈入了快速城市化的发展阶段，无论是从城市数量还是城市的规模都进入高速增长阶段。从城市数量上看，1990～2013年，中国城市数量增加了近470个，城市化水平也提高了近27.3%，2013年达到了53.7%。在我国，仅上海市、江苏省和浙江省在内的广义长三角城市群2013年的国内生产总值就超过11.8万亿元，以不到全国2.2%的国土面积，创造了近22%的国内生产总值，与印度、俄罗斯的总量相当。在日本，东京市的土地面积不到日本总面积的4%，却容纳了3500万人口，且太平洋沿岸城市群集中了主要的财富（Word Bank，2008）。同样，在美国，占国土面积3%的土地上集中了2.43亿的人口，这些区域也以全球最高的生产效率著称（Glaeser，2011）。2009年的世界银行报告称，全世界大约一半的生产活动都集中在全球1.5%的土地面积上，可以说，21世纪全球性的区域间竞争已经脱离单个国家、城市、企业，转变为以核心城市为中心的城市群或城市集团的竞争，新的具有全球性意义的空间组合和城市—区域发展模式就是以大城市为核心的城市群，并在足够强大的经济规模和产业集聚的支持下，参与全球性的重新分工、交流、竞争和合作，形成强强联合的命运和经济共同体。

城市群的发展已经引起了国家的高度重视，在国家"十一五"规划和"十二五"规划中都明确提出了加强城市群的发展建设，特别是《国家主体功能区规划》和《新型城镇化战略规划》将城市群建设提升到了前所未有的高度，成为国家的重要发展战略。在现实经济发展中，城市群也已经成为我国经济增长的核心区域，我国23个城市以不足1/4的国土面积，集聚了全国近1/2的人口，集聚了近80%的经济总量，以及近85%的工业增加值和近90%的服务业增加值，吸引了近98%的外商直接投资总额。[1]然而，城市群在创造了大量就业机会和财富的同时，高度集聚的人口、资本也引起了包括交通拥堵、犯罪率高、环境污染等一系列的社会经济发展问题，特别是环境问题成为威胁城市群健康持续发展的最大风险。

"十三五"时期，我国提出"创新、协调、绿色、开放、共享"的发展理念，为了提高我国经济发展的质量和经济效益水平，必须要通过加快经济结构转型和经济增长动力的变换来实施。我国在经历了40年的发展后，经济发展开始面临一些新的问题，比如经济增速放缓，人口红利消失，以及农村资源向城市转移的过程慢慢发生改变等，我们只有通过提高经济发展效率来解决我国经济的转型问题。在新型城镇化背景下，城市群是我国经济核心增长极和城市化的主体形态，转变城市的经济发展方式与转变城市群的经济发展方式是一致的。工业化和城市化是我国实现经济转型和提高经济效益的两条脉络，提高工业化效率必然要求产业结构调整和深层优化，提高城市化效率的重点是提高城市群的经济效率。在中国经济转型发展的过程中想要提高索洛余量，就要提高全要素生产率以及城市效率，城市群作为城市地区的主体，其城市群之间的资源整合，城市群内部的城市之间的资源交换和要素流动以及经济联系度已经远远超过城市群所在城市与省外城市之间的联系，这就需要提高城市群的全要素生产率。因此，提高城市群的经济效率，引导城市群经济发展是中国经济转型发展的关键点，也是中国经济保持健康稳定增长的新引擎。

在这样的背景下，城市群也从快速发展的战略需要，逐步转向更注重质量的可持续发展。城市群承载着超大规模的人口和产业集聚，如何面对城市群资源环境超负荷运行的挑战已经成为当前面临的现实发展问题，以及怎样才能更加客观地测算城市群的集聚效应，产业集聚与城市群的经济效率有什么关系，产业集聚是否以及如何影响城市群全要素生产率，这些已然成为促进城市群进一步发展和中国经济持续稳定增长亟待解决的问题。

二、研究意义

城市群已成为我国应对区域空间矛盾、提升区域竞争力和促进区域协调发展的一种重要地域形式，提高对城市群经济效率和城市群与产业集聚的关系研究的深度和广度对解决当前城市群的发展越发重要，因此，在产业集聚的视角下对城市群是否达到预期绩效进行量化研究有着重要的理论和现实意义。

1. 理论意义

通过梳理城市群的相关研究成果，构建符合我国国情的城市群经济效率评价体系，不仅能丰富现有的相关理论，而且能为后续研究提供基础资料和方法论借鉴；系统评价我国城市群经济效率，有助于厘清我国城市群发展的现实轨迹与理想轨迹之间的差距；研究产业多样化和专业化对于城市群经济效率提升的影响以及城市群形成的产业机理，除了能对国家和当地政府在制定城市群发展政策方面提供有益参考，更重要的是可以在理论上以现代城市经济学领域的城市间管理（城市群内部）以及城市内部管理（城市群各城市内）对城市经济增长在中国的实践做一些有益的尝试。因此，如果本书的研究目标达成，将能从理论上为发展中国家在城市及区域管理政策方面做一些相关的有益补充。

2. 现实意义

在实证的基础上，通过找出影响城市群经济效率的决定性因子，力求各级地方政府及相关部门能运用其相关的参考资料及政策分析工具对现行行为进行评估，以及调整有关决策部署、协调各方关系。资源得到优化配置，城市群经济效率得到提升，也将有利于城市的合理布局、区域的协调发展、各城市群比较优势的发挥、国际竞争地位的提升。

第三节 基本概念与范围界定

一、基本概念

1. 集聚及其外部性

在研究了英国菲尔德和蓝开夏郡的小企业的空间集聚现象后，作为新古典经济学创始人，马歇尔指出小企业的空间集聚现象是因为企业受到了资源的共生的影响以及追求最低的交通运输成本所形成的，这也成了产业集聚的最初表现形态，相应地提出了产业区的概念（王缉慈，2001）。按照马歇尔的思想，产业集聚又可以分为专业化经济和多样化经济两种形态。专业化经济又称"地方化经济"，是指在某一空间范围内，企业生产率取决于该区域同一行业内其他企业的规模总量和集聚度（Marshall，1920）；多样化经济又称"城市化经济"，是指在某一区域内，企业生产率取决于该区域内其他行业的规模总量与多样化程度（Jacob，1970）。

2. 城市群

20 世纪 50 年代，地理学家戈特曼（Jean Gottman）提出的"城市群"的概念被当前国际上公认。戈特曼在 1957 年发表了《大城市群：东北海岸的城市化》，文中他第一次提到"大城市群"的概念。之后，戈特曼在《大城市群：城市化的美国东北海岸》（1961）中描述了一个拥有 3000 万人口的大城市群，是由位于美国东部海岸的五大城市圈结合的地区。戈特曼认为，随着社会经济的发展，城市群将会是城市发展的最高阶段产物形态，是多个城市或者大城市在地域空间上的地理集中，形成的具有多核心和层次的城市集合体，这样就形成了城市群的最终发展形态——大都市区。他还提出了大城市群的五个基本标准：①多个城市在空间区域的地理集中；②城市群形成了比较独立的都市核心区，并且核心区域与腹地区域经济社会联系紧密；③城市群拥有便利的交通基础设施；④人口规模要达到2500万以上；⑤具有国际交往枢纽作用的国家核心区域。戈特曼认为城市群具有枢纽功能和培养功能两大功能。他理解的枢纽功能是：枢纽功能引发了城市群的内外联系网络和各种流的汇集，而这种汇集促使城市群的进一步扩张，就像干道和交通的交汇路口，也使城市群在国内乃至全球经济活动中的地位得到提高。他理解的培养功能是：通过汇聚不同行为方式的相互影响，产生了新思想、新方法、新技术和新产品，成为城市群发展的主要动力。社会进步和创新的重要区域是城市群，它也促进并推进了经济、社会和文化的繁荣发展。

城市群的本质是要素被集聚和配置在比单个城市更大范围的城市体系内。随着集聚经济的发展，城市也随之发展起来，综合性城市和专业化城市的形成促进了城市化经济和地方化经济的发展。城市规模的不断扩大发展，经济活动在单个城市越来越集中会出现集聚不经济，要素和产业也会以资本流、人流、商品流和信息流的形式从中心城市沿着交通轴线和通信渠道扩散到外围低梯度城市地区，产生新的经济中心，区域的经济中心体系就由这些新的经济中心与原来的经济中心在发展上和空间上相互联系、组合而形成。每个经济中心会有相当规模的外围区域，这些地区大小不一，规模不等，呈现"中心—外围"结构，最终形成了将等级规模不同的城市结合起来的城市体系，即城市群。

虽然对城市群的研究成果很多，但是还没有形成统一的城市群概念，在主流学术界中，城市群的概念可以概括为三种：一是地理视角。在空间领域以地理学家为代表，其中姚士谋等（2006）认为在一定的地理空间范围内，具有不同性质特征、不同发展类型和不同等级规模的城市，通过发达的综合交通运输网络、现代化的运输工具和发达的信息网络，拥有1~2个核心城市为经济增长中心，城市之间形成了密切的经济社会联系，这就构成了一个比较成型的城市群。二是相互作用视角。以周一星（1991）为代表，他提出了都市连绵区的概念。三是功能结构视角。以方创琳（2009）为代表，他认为城市群地区是一个产业布局、市场建设、基础设施、环境生态、社会发展、社会保障等均实现同城化和一体化的城市集合体。

综合以上对城市群含义的理解，学者统一地认为城市群是一个空间集聚的概念，这也意味着城市群的经济和产业集聚也是客观存在的事实。通过以上分析，本书认为城市群同时具有空间和经济属性：首先是以若干大型城市为核心，与若干中小城市密切联系，形成比较合理的功能定位和专业化分工的空间集合体；其次是在城市群内部产业分工合理、交通基础设施完善，集聚效应和扩散效应共同作用下的区域经济综合体。

3. 绿色经济效率

在对绿色经济效率进行定义之前，有必要先区分效率、生产率、经济效率这几个概念。

对于效率的含义不同的学科有着不同的理解。物理学认为单位时间的功为效率；管理学认为单位时间完成的劳动量；经济学认为效率是经济活动投入产出的转化能力。结合1896年Vilfredo Pareto提出的帕累托最优是公平与效率的"理想王国"以及索洛认为的技术进步效率，本书认为效率是在单位时间范围内总产出与总投入的比值。

生产率是指经济活动过程中投入要素的有效利用率，它是反映经济发展的技术水平、生产管理水平和要素配置能力的重要指标。生产率可以分为全要素和单要素生产率。从字面意思可以理解，单要素生产率是指单一要素的投入产出比重，全要素生产率是指所有投入产出的比重。与效率相比，生产率是动态的相对比值，而效率是静态的，生产率是在效率的基础上得到的。

经济效率是指在现有的技术水平下进行经济生产活动，以期用最少的投入得到最大产出的能力，这种能力越大，表明经济活动的效率越高。本书将经济效率定义为：在经济各子系统相互作用下，区域经济以最少的要素投入得到最大的经济产出，该指标是衡量区域经济发展合理性的重要指标。

绿色经济效率是指将资源环境损耗纳入区域经济效率中的一个概念。一般来讲，绿色经济效率不仅是经济活动生产过程中投入要素的利用效率，也是将资源投入和环境损耗纳入经济活动生产过程中的经济效率，在生产过程中，除了期望产出外，还包括一些非期望产出，也就是说，在经济效率评价中，资源的投入和环境的损失都被考虑进来，获得了绿色经济效率值。本书将使用城市群的绿色全要素生产率来衡量城市群绿色经济效率。

4. 全要素生产率

1961 年，John W. Kendrick 在《美国生产率趋势》一书中将生产率划分为单要素生产率和全要素生产率。在现实经济活动中，投入要素不可能是单一投入的，应该是包含了人力、资本、资源等所有投入要素，因此全要素生产率的概念是相对于单要素生产率而言的。陈诗一（2010）认为，经济增长一部分来源于投入要素的增长，另一部分源于技术进步和效率的提高，后者则体现了经济增长的质量水平。他将全要素生产率进行了分解，包括效率提高和纯技术创新，随后学者按照他的思路将其分解为规模效率和纯技术效率。规模效率是由于企业增大投入和扩大生产规模产生的，而纯技术效率是由于新技术、新发明等产生的。在本书中，我们认为全要素生产率是指在经济生产活动中剔除劳动力、资本和资源等全部投入产生的生产率，剩余的生产率则表示为由于技术创新和效率改善产生的，直接体现了经济体的经济增长水平。

5. 绿色全要素生产率

在经济持续增长的过程中，资源环境的发展状况已经成为可持续发展能否实现的决定性因素。资源环境是经济发展的内生变量，资源禀赋的优势和劣势、生态环境的好坏能够促进或制约经济的可持续发展。同时，资源环境也是经济发展的刚性约束，经济发展得好坏快慢，需要在资源环境得以保护这一强制性约束下实现。因此，当测度全要素生产率时，不仅要考虑传统投入要素、技术创新要素对于经济增长的拉动作用，更要将资源环境因素作为考核经济发展质量的重要指标。在这种思路下，研究的焦点逐步由传统的、单纯考虑期望产出的传统全要素生产率过渡到考虑环境污染带来的非期望产出的绿色全要素生产率。绿色全要素生产率能够将污染物排放作为非期望产出，与资本、劳动力、资源、能源等投入带来的期望产出一同归入全要素生产率的评价框架内。利用该方法算出的绿色全要素生产率是排除掉污染排放物带来的非期望产出后的净效率。在方法上，方向距离函数和 ML 生产率指数的结合（Chung, et al., 1997）实现了包含污染排放物作为非期望产出的全要素生产率，这一方法在通过对瑞典纸浆厂污染物排放与经济增长的拟合得以实证检验，是真正意义上的全要素生产率。在本书中，我们将绿色全要素生产率定义为：在全要素核算体系中，将资源消费作为投入要素、将污染物排放作为非期望产出全部都考虑进来，评价出来的结果就是绿色全要素生产率（Green Total Factor Productivit，GTFP）。

二、范围界定

中国的城市化进程被分为三个阶段：①缓慢曲折徘徊期（1949～1978 年）；②快速启动、高速发展时期（1979～2000 年）；③逐步融入全球的都市化进程（2001 年以来）。2000 年是我国城市群发展的最为重要的时间点。此前的时期，户籍管理制度、计划经济模式深刻影响着中国的城市化进程，使其在很久的时间内都徘徊不前，在此之后，城市群发展突飞猛进。对于各城市群的空间范围我国已有很多学者研究（见表 1 - 1），但都各自为营，没有确定的范围。

表 1 - 1　中国城市群空间范围界定

研究学者	具体城市群名称	城市群个数
姚士谋 （1992）	超大型城市群（6）：京津唐、沪宁杭、珠三角、山东半岛、辽宁半岛、成渝 城镇密集区（7）：关中、湘中、中原、福厦、哈大齐、武汉、台湾西海岸	6 + 7

续表

研究学者	具体城市群名称	城市群个数
代合治 （1998）	沪宁杭、京津唐、辽中南、山东半岛和鲁中南、珠江三角洲、吉中、黑东、福厦、成都平原、石太、安徽沿江、郑洛汴、武汉、长株潭、北部湾沿岸、重庆、关中	17
苗长虹 （2005）	京津冀、珠江三角洲、长江三角洲、辽中南半岛、福建—厦门、鲁东半岛、中原、长株潭、武汉都市圈、哈大齐、吉中、成渝、关中	13
肖金成等 （2009）	长三角、京津冀、珠三角、山东半岛、川渝、辽中南、长江中游、中原、海峡西岸、关中	10
方创琳 （2010）	珠三角、海西、北部湾、成渝、滇中、黔中、长株潭、武汉都市圈、皖江、环鄱阳湖、长三角、兰白西、酒嘉玉、银川平原、中原、关中、呼包鄂榆、晋中、京津冀、山东半岛、辽东半岛、哈大长、天山北坡	23
宁越敏 （2010）	京津冀、辽中南、长吉、哈大齐、山东半岛、长三角、闽东、中原、武汉、长株潭、珠三角、成渝、关中	13
张学良 （2013）	京津冀、长三角洲、珠江三角洲、辽宁半岛、山东半岛、成渝、哈长、江淮、东陇海、海西、中原、武汉都市圈、长株潭、鄱阳湖、关中—天水、天北、太原、北部湾、兰西、滇中、黔中、呼包鄂榆、宁夏沿黄、藏中南	24
叶裕民等 （2014）	长江三角洲、珠江三角洲、京津唐、成渝、山东半岛、辽中南半岛、中原、海西、武汉都市圈、长株潭、关中、皖江、呼包鄂、长吉、滇中、昌九、哈尔滨、太原、兰州、黔中、乌鲁木齐、银川、环北部湾、浙中	24

　　本书根据《中国城市群可持续发展理论与实践》（方创琳，2010）和《2013中国区域经济发展报告——中国城市群的崛起与协调发展》提出的中国城市群划分方案和中国城市夜间灯光数据，考虑到数据的可获得性，选取了 21 个城市群作为研究对象，并根据《2010 中国城市群发展报告》将各城市群按照其地理位

置划分为东部城市群、中部城市群和西部城市群，每个城市群所包含的具体城市见表1－2。

表1－2　中国21个城市群及其包含城市范围

城市群名称	包含城市	城市数量	地理位置
长三角	上海、南京、无锡、常州、苏州、南通、扬州、镇江、泰州、杭州、宁波、嘉兴、湖州、绍兴、舟山、台州	16	东部
珠三角	广州、深圳、珠海、佛山、江门、肇庆、惠州、东莞、中山	9	东部
京津冀	北京、天津、石家庄、保定、唐山、秦皇岛、承德、张家口、廊坊、沧州	10	东部
武汉	武汉、黄石、鄂州、黄冈、孝感、咸宁、襄阳、宜昌、荆州、荆门	10	中部
长株潭	长沙、株洲、湘潭、岳阳、益阳、常德、衡阳、娄底	8	中部
环鄱阳湖	南昌、九江、景德镇、鹰潭、新余、宜春、萍乡、上饶、抚州、吉安	10	中部
成渝	重庆、成都、宜宾、自贡、达州、泸州、资阳、德阳、雅安、绵阳、眉山、遂宁、乐山、内江、南充、广安	16	西部
海峡西岸	福州、厦门、莆田、三明、泉州、漳州、南平、龙岩、宁德	9	东部
辽中南	沈阳、大连、鞍山、抚顺、本溪、丹东、营口、辽阳、盘锦、铁岭	10	东部

续表

城市群名称	包含城市	城市数量	地理位置
山东半岛	济南、青岛、淄博、东营、烟台、潍坊、威海、日照	8	东部
中原	郑州、开封、洛阳、平顶山、新乡、焦作、许昌、漯河	8	中部
关中—天水	西安、铜川、宝鸡、咸阳、渭南、天水、商洛	7	西部
哈长	长春、吉林、松原、哈尔滨、齐齐哈尔、大庆、牡丹江	7	中部
江淮	合肥、芜湖、马鞍山、铜陵、安庆、滁州、六安、池州、宣城	9	中部
北部湾	南宁、北海、防城港、钦州	4	西部
呼包鄂榆	呼和浩特、包头、鄂尔多斯、榆林	4	西部
晋中	太原、阳泉、晋中、沂州、吕梁	5	中部
宁夏沿黄	银川、石嘴山、吴忠、中卫	4	西部
兰州—西宁	兰州、西宁、白银、定西、临夏回族自治州	5	西部
黔中	贵阳、遵义、安顺、毕节、黔东南州、黔南州	6	西部
滇中	昆明、曲靖、玉溪、楚雄州	4	西部

注：①各城市群所辖空间范围具体参考《全国主体功能区规划》《京津冀都市圈区域规划》《长江三角洲地区区域规划纲要》《珠江三角洲地区改革发展规划纲要（2000—2020）》《山东半岛城市群总体规划 (2006—2020 年)》《长江中游城市群发展规划》《成渝经济区区域规划》《中原城市群总体发展规划纲要》《海峡西岸城市群协调发展规划》《关中—天水经济区发展规划》。②目前《长江中游城市群发展规划》已将武汉城市群、环长株潭城市群、环鄱阳湖城市群纳入长江中游城市区规划，为增加样本量，本书仍然将三个城市群分开研究，武汉城市群中不包含仙桃、潜江、天门三个省直辖县。

第四节 研究思路、方法与框架

一、研究思路及内容

本书的基本论点是：城市群的发展演化具有从低级向高级演变的发展规律，在不同的自然条件下，在多种驱动因素的作用下，城市群的经济效率也出现了差异化的发展特征。产业集聚作为工业化过程中出现的重要现象，对城市群经济效率有一定的影响，具体如何影响应该从城市群规模、市场潜力、贸易开放等方面进行深入研究，以期为提高中国未来城市群经济效率找到破解路径。本书的具体研究内容从以下七个方面展开：

第一章为绪论，分析本书的选题背景、研究意义、相关概念与研究范围界定以及研究思路与框架结构，深化对城市群现象的认识，梳理并完善相关基础理论。本章在总结已有研究成果的基础上，分析总结城市群、经济效率等相关概念，构建本书的理论基础和实证基础。

第二章为相关理论回顾和文献综述。在梳理总结经济增长理论、新经济地理学理论的基础上，详细综述了产业集聚与经济增长的关系，以及经济效率及其影响因素等相关研究，并通过评述相关研究成果，指出研究的不足和待完善之处。

第三章为互动机制分析。从理论上尝试探讨产业集聚与城市群经济增长互动机制以及产业集聚如何影响城市全要素生产率的提高。

第四章为效率测算。对中国城市群绿色经济效率以及绿色全要素生产率进行测算和分解。本章通过 DEA 技术构造出一个既包含期望产出也包含非期望产出的生产可能性边界，再利用"方向性距离函数"处理非期望产出的非径向非角度的 SBM 模型，从静态的角度计算出经济体中每个生产决策单元与生产可能性边界的距离，即效率测算，最后基于当期生产可能性集与全局生产可能性边界的方向性距离函数计算出该决策单元的 Global Malmquist – Luenberger（GML）指数，即绿色全要素生产率的变化，从而分解出绿色技术进步，从动态的角度，研究 GML 的时空演化规律和特点。

第五章利用第四章测算出来的绿色全要素生产率为解释变量，利用城市群面板数据和动态面板 GMM 估计方法，对产业集聚与经济效率的门槛效应进行剖析。

第六章在第五章的基础上以长江中游城市群为例，将产业集聚细分为制造业集聚和生产性服务业集聚，并将地理距离纳入考虑因素，利用空间计量模型对产业集聚的空间溢出效应和城市群经济效率提升的影响因素做进一步验证。

第七章为结论，对中国城市群未来发展的政策建议与未来研究展望。总结本书研究得出的结论，并尝试提出有益于中国城市群未来发展的政策建议，指导中国城市群未来的经济发展，在已有研究和本书研究的基础之上，展望未来的发展方向。

二、研究方法及技术路线

1. 宏观与微观相结合的分析方法

从城市群中心城市发展的整体运行出发进行研究时，需要运用宏观分析方法，把握城市群中心城市的演化规律性。在对城市群各城市内部的各种社会经济现象和问题，如城市交通、城市环境、城市贫困等进行分析时，则需要运用微观分析方法。将宏观和微观分析方法结合起来，有助于更准确地认识城市群的客观发展规律，解决城市群发展问题。

2. 静态和动态相结合的分析方法

从静态的角度分析测算城市群效率是了解城市群发展的基础。因为城市群的发展是一个动态过程，所以要准确把握城市群的演变规律，就需要从动态的角度去研究城市群的发展。从静态的角度利用 DEA 中非径向、非角度并且考虑资源约束和松弛性问题的 SBM 模型，对中国城市群的绿色经济效率现状进行横截面分析；从动态的角度利用全局 ML 指数对 2003 ～ 2013 年中国城市群绿色经济效率的时空变化进行纵向分析。结合研究内容，研究的技术路线见图 1 – 1。

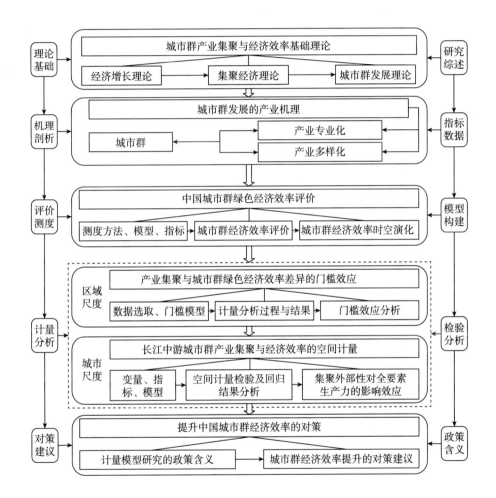

图 1 – 1　研究技术路线

第五节　可能的创新与不足

一、可能的创新

第一，本书从"静态（效率）—动态（全要素生产率）"的视角出发，基于 SBM 而非径向 DEA 模型分析测算中国 21 个城市群绿色生产效率问题，将污染物排放作为非期望产出加入生产阶段。用这种模型测算效率问题在对象选择上有所突破，再以中国城市群为研究对象进行效率评价的方法上有所创新；并利用全局 ML 指数模型测算分析了中国 21 个城市群绿色全要素生产率，同时进一步对城市群的绿色效率变化及技术进步进行分解。

第二，本书在方法上采用非径向、非角度的 DEA – SBM 模型，测算资源环境约束下的中国城市群绿色全要素生产率，充分考虑了投入产出的松弛性问题，测算结果更真实可信。

二、存在的不足

第一，虽然相对于从省级层面或者单个城市层面进行分析来说，本书从城市群层面分析集聚经济是一大改进，但由于可收集的城市群内各个城市按照产业统计的资料十分有限，所以本书没有深入到各个城市、分行业中进行深入的研究。

第二，对自变量的选取，虽然也参考了相当数量的文献，但由于现有文献中有关多样化和专业化效应、其他 NEG 因素和 Local 因素的衡量指标太多，因此本书仅仅根据可获得的数据和参考以前学者们的指标来进行度量，并未对比不同指标的度量。

第三，限于数据的可得性，本书在对城市群经济效率做测算时，仅选择了工业"三废"作为非期望产出指标，然而城市活动中造成环境恶化的原因有很多，这种指标的选取使测算效率与真实效率之间有一定的偏差，期待后来的学者们能够改进，但总体不影响本书的分析与得出的结论。

第二章　相关理论回顾与文献综述

目前，对城市群经济发展进行研究主要有经济学者、地理学者、城市规划学者等，从理论上经济学和地理学这两大阵营的学者对城市群的研究成果颇丰，尽管他们都认为，城市群是特定地域范围内的城市、经济、产业、人口的集合体，但由于研究范围相异，导致其对城市群形成和发展的理解也大相径庭。

第一节　经济增长理论

城市群从出现、成长到成熟与企业的经济活动在区域空间的集聚与扩散过程相生相伴。因此，回顾经典的经济增长理论，对于准确把握城市群的发展规律、正确客观地评价城市群的绿色经济效率有着举足轻重的作用。经济学者在研究城市群经济增长的过程中，有关经济增长的经典理论主要包括古典经济增长理论、新古典经济增长理论与新经济增长理论。

一、古典经济增长理论

1776 年，亚当·斯密（Adam Smith）在《国富论》中对经济增长进行了论述，他认为经济增长的原动力来自生产率的提高，由于交换而引起的劳动的专业化分工则是提高生产率最重要的原因。随后，大卫·李嘉图（David Ricardo）在其发表的著作《政治经济学及赋税原理》中强调了劳动的专业化分工水平的提高和生产率的不断提高都离不开资本的积累，因此提出要重视资本积累在经济增长中的促进作用。

二、新古典经济增长理论

新古典经济增长理论（Neoclassical Growth Theory）形成于19世纪末，经济学家尝试使用边际分析工具，深入研究有关经济增长的问题。Leon Walras、Karl Gustav、Alfred Marshall 是这一时期的典型代表，他们一致认为经济增长不存在质的飞跃，而是一个渐进的、逐步提升的过程。Ramsey（1928）提出了拉姆齐模型，随后 Harrod（1948）和 Domar（1957）提出了关于经济增长的模型，由于两者观点较为相似，后来合并称为哈罗德－多马模型。Solow（1956）基于哈罗德－多马模型，对其假设条件进行了修改和完善，后来称之为索洛模型。拉姆齐模型、哈罗德－多马模型和索洛模型的建立奠定了新古典经济学的基本理论框架。

1. 拉姆齐模型

拉姆齐模型是研究经济最优增长和资本最优积累的基本方法。在该模型中讨论经济活动的时候假设没有技术进步，也没有人口的增长，认为在一定时期内理性经济人要达到效用最大化的约束条件是主要效用减去实际效用之差要最小化，这样一来，经济活动区域的储蓄率才能达到最优水平。拉姆齐模型将人口的增长放在假设条件之中，不够贴近现实，而其忽略技术进步等重要因素对经济活动的影响，也使之停留在静态而非动态的层面。

2. 哈罗德－多马模型

哈罗德－多马模型在古典经济学家凯恩斯的就业和国民收入理论的基础之上，考察仅包含资本要素和劳动力要素的单个经济部门的经济活动，并假定人口增长率为固定不变的外生因素，这比起拉姆齐模型已经有所进步，但同拉姆齐模型一样，认为技术进步是不存在的，从储蓄和投资的角度分析经济增长的源泉，其核心观点是：储蓄率与增量资本—产出率的比值为经济增长率，即储蓄占国民收入的比重与增量资本占增量国民收入的比重进行比较，前者越大，后者越小，说明该国的经济增长率越高；前者越小，后者越大，说明该国的经济增长率越低。

尽管比起拉姆齐模型，哈罗德－多马模型已经考虑了人口的自然增长率，但其仍存在一定的缺陷：第一，该模型和其他经济模型一样，诸多的假设条件并不符合经济体参与经济活动的很多实际情况，例如资本—产出比率和劳动力增长率保持不变、规模报酬不变、技术进步不存在等。值得注意的是，在新古典经济增长理论中，技术进步往往被作为外生变量，后来的新经济增长理论完善了新古典经济增长理论的假设，将技术进步作为内生变量纳入研究框架去。第二，哈多德－多马模型并不能解释西方国家在20世纪70年代出现的滞胀问题，这一点与凯恩斯理论的政策建议如出一辙。第三，哈罗德－多马模型认为，经济增长的路径具有不稳定性，这样的结论并不受到政策制定者以及领导决策层的欢迎，不过这也为后来索洛模型极力要证明经济增长具有稳态奠定了基础。

3. 索洛模型

索洛模型又被称为新古典经济增长模型，它的出现标志着新古典经济增长理论的完善。索洛模型认为，一个国家的储蓄率和投资越高，那么该国家将会有更高的人均收入水平和资本水平。Solow（1956，1957）针对哈罗德－多马模型中的假设条件进行了修正和完善，他提出可变要素比例，并将技术因素引入经济增长模型，尽管在索洛模型中，技术因素仍然是外生变量，与哈罗德－多马模型得到的结论恰恰相反，他认为经济的增长具有稳态解。按照索洛核心观点是认为，人均资本存量的增长和技术的不断进步是经济增长的源泉，经济增长中不能被人均资本存量解释的即为技术进步，该部分称为索洛余量。

三、新经济增长理论

以收益递增作为核心研究内容的新经济增长理论（The New Growth Theory）

是西方宏观经济理论的一个重要分支，它包含了各种持有相似观点的增长理论模型。在 Arrow（1962）的"干中学"模型中技术进步的基础上，Romer（1986）又论证了知识溢出效应是如何解释经济增长的，两者相继而起，为新经济增长理论奠定了基础。随后 Lucas（1988）认为经济增长的动力是人力资本的积累，这一思想的提出标志着新经济增长理论正式成立。

新经济增长理论将技术进步内生化，强调规模经济和知识溢出，认为专业化的知识和不断累积的人力资本是经济增长的动力。随着我国城市群经济发展水平越来越高，受到新经济增长理论的启示，全要素生产率的提高逐渐倚重于技术效率和技术进步的提高，企业为了追求递增的收益，会主动投资技术要素和积累人力资本，知识溢出效应伴随着企业的投资行为，这种外部性是引起产业集聚的重要原因之一，产业的集聚又进一步加速了知识的溢出，从而促进了城市全要素生产率的提高和经济增长。对于城市群的发展而言，新经济增长理论说明了知识外溢、技术扩散和人力资本投资的增加是城市产生规模收益递增的源泉，要使城市经济快速发展，地方政府和城市规划者应该不断加强技术创新、知识的空间溢出和人力资本的不断积累，以有效地促进产业专业化和多样化发展。综上所述，经济增长理论的演化过程也是城市经济增长理论的演化过程，其关键因素是探索推动城市乃至城市群经济不断增长的关键动力。从经济增长理论的发展路径来看，除了生产要素投入的增长，更为重要的动力就是技术规模和技术进步的不断提高。城市与城市群经济的增长需要合理地将产业与城市联系起来，产业集聚可以带来技术外溢、知识外溢以及资本的外溢，从而使城市群具有生态系统的特征，从而高速运转。在知识和技术高速发展的时代，城市群要想在国内或者国外的各大城市群、都市圈中获得比较优势，就需要根据城市群的禀赋、经济条件发展、高新技术产业和具有竞合关系的城市空间网络，形成一定的规模经济与范围经济，以此来提升城市群的整体经济效率和综合竞争实力。城市群之间以及城市群内部各城市可以通过联合发展高新技术产业来促进城市经济增长。

第二节　新经济地理学理论

一、早期：中心—外围理论

克鲁格曼（Krugman，1991）提出的中心外围理论是新经济地理学早期的经典理论。该理论以迪克希特和斯蒂格利茨（Dixit and Stiglitz，1977）提出的垄断竞争为基础，与萨缪尔森（Samuelson，1952）提出的冰山贸易成本相结合，考虑在收益递增的市场结构下，建立起两区域的一般均衡模型，并首次引入了空间概念。克鲁格曼认为，传统经济学的这些假设条件与现实情况相差较大，新经济地理学假设要素具有完全流动性，所以在此基础上，他建立了动态模型，强调随着经济一体化程度的加深，运输成本显著为正，历史对区位的生产模式和地区经济增长产生极其重要的作用，工业发展的初始状态影响国家或地区是否将其竞争力保持得更加长久。与此同时，市场结构对地区的经济活动均衡性也会产生深刻的作用。克鲁格曼（1991）提出的空间经济集聚的理论框架认为，在一般均衡的状态下，经济体活动会受到两种力量的作用：向心力与离心力。经济主体在空间上的相互作用可以用向心力和离心力来表达，这为研究经济参与主体的经济活动和行为机制找到了微观基础。新经济地理学的研究重点主要集中在市场潜力与工资结构、本地市场效应与集聚区域等多方面。藤田昌久和克鲁格曼总结归纳了新经济地理学的发展历史，并展望了未来发展趋势，认为新经济地理学研究的技巧分为四个部分：D－S（Dixit－Stiglitz）垄断竞争模型、冰山成本、演化、计算机化模拟。与传统的经济地理学分析方法相比较，新经济地理学简化了分析策略且克服了多重均衡与空间异质性等难题（Fujita，1999；Fujita and Krugman，2004；Krugman，2005）。D－S垄断竞争模型（Dixit and Stiglitz，1977）认为规模报酬递增主要源于垄断竞争，认为企业通过差异化的产品竞争就能拥有足够的市场力量来进行垄断，而没有拥有市场力量的企业则只能通过提供替代产品参与竞争。新企业的不断涌入可以降低行业获得的高额垄断利润。"演化"是突出企业在不同集中形式中的动态选择，如果企业根据对未来经济运行的预期来选择当前的地址或者组织形式，那么发展的历史和未来的发展趋势就可以用经济体之前的显性偏好来体现。中心—外围理论讨论了在运输成本与规模报酬递增的互相影响下如何影响要素市场配置和资源流动。假设劳动人口要素可以自由流动，劳动人口就会向着提供更大市场规模的区域移动。这种移动不但直接提高了集聚区域的市场规模，而且也降低了流出区域生产要素的市场供应。在这种机制的长期作用下会逐渐出现要素市场和产品市场的非对称性中心—外围结构，并且该非对称结构会不断得到强化。假设要素市场的自由流动被限制，或者是受到交通运输成本的限制，就会产生生产行为的空间扩散，控制要素流动的这两种力量就是产业集聚的向心力和离心力。不同于要素市场的这两种力量作用，我国市场上产业间主要是前向联系和后向联系（Krugman，2005），其中前向联系主要是使劳动力向生产最终产品的产业集聚，后向联系主要是督促企业向更大的市场集聚，前向联系和后向联系是产业集聚的过程与方式。集聚是中心—外围理论中，经济活动主体在循环累积中产生的自然结果。但是，Krugman（1991，1995）的中心—外围理论也存在着一些不完善的地方，即如果简化中心—外围理论模型，很难用比较简单的指标去解释说明复杂的经济现象，当然也很难得到可以理解的并且能被验证的结果。新经济地理学理论对现实问题的解释较弱，主要是因为该理论模型简化掉了很多不容易被模型化但是非常重要的影响因子。Martin 和 Sunley（1996）评价该理论的局限性是忽略了信息和技术的外部性、行政政策与制度、社会文化等因子对经济活动的空间作用，只是简单注重数学推理的外部性。

二、近期：集聚经济理论

Baldwin（1999）、Martin 和 Ottaviano（1999）、Arbia（2001）、Baldwin 和

Forslid（2000）、Basevi 和 Ottaviano（2002）分别在动态视角下对 Krugman（1991）的早期中心—外围理论进行扩展，研究集聚经济与经济增长之间的关系，如动态资本与集聚经济、劳动力流动与动态集聚、资本中间品流动等。在新经济地理学理论框架下，学者们做了大量的实证研究，包括从地方化经济和城市化经济、本地市场效应、产业集聚的外部性、市场潜能等视角出发，深入分析公司的空间区位选择、生产要素的地理集聚、产业集聚组织特征等外部性机制，以及规模报酬递增、技术进步、生产成本降低的关系。

1. 空间工资结构和市场潜能

不同市场区域之间的空间相互作用会引导生产企业向接近拥有较大消费者和生产者的市场潜力的地区集聚（Krugman and Venables，1995；Fujita et al.，1999；Ottaviano and Pinelli，2006），前向联系和后向联系效应的存在将会影响生产部门的实际劳动生产率（Davis and Weinstein，2003）。市场潜能较大的地区能够使当地企业通过实现公司内部的规模化经济，从而避免了垄断的形成，而且也促使本地生产企业降低生产成本、扩大生产规模，最终提高城市的生产效率（Venables，2011）。外部市场条件较好的城市群会吸引大量企业进入，多样化的企业带来差异化产品，或者有较大市场潜能的区域产业专业化程度更高，从而有利于生产率的提升。Henderson（1997）根据这一理论对地区经济发展提出两个判断：一是劳动力可能在产业的中心地产生集聚现象；二是区域的名义工资会随着运输成本的上升而下降。这一点在 Henderson 的实证研究中得到了验证，他利用全国的企业数据分析发现工人的工资水平随着距离美国边境的增大而递减。Glaeser 和 Mare（2001）、Wheeler（2001）发现城市工资随着城市规模的递增而加倍增加。Bacolod（2009）和 Combes（2010）的研究表明，不同类型的技术劳动力的工资能够从整个地区工资的增长中获得相异的外部性。Elvery（2010）利用中等城市的不同行业工人的平均工资来测算相异的工人技能类型，发现随着城市规模的增大，人力资本的生产率也呈现上升趋势，同时发现劳动技能密度随着城市规模的大小发生着变化，规模大的城市其劳动技能密度高于规模小的城市。Florida

等（2015）通过实证分析，深入研究了一个地区内处于不同技术水平工人的工资水平，初步得出了技术水平对工资的影响机制。他将技能分为分析知识技能、社会化知识技能和物理类技能，并根据区域规模、技能类型和地区特征进行对比，发现社会化知识技能和分析知识技能对区域工资水平有显著的提升作用，相比较而言，物理类技能则有相反的作用；从城市规模来看，大城市与小城市相比较更需要社会化技能和分析技能，而小城市更需要物理技能。

2. 集聚区位与空间协调

经济活动在空间上的布局受运输成本的影响。产业集聚的产生只是在一定距离内，非同类产业在空间上的集聚会产生层级结构，这表现为大规模产业的集聚周围往往有很多小规模产业的集聚。克鲁格曼提出的新经济地理学理论认为，经济活动的集聚来源于向心力，经济活动的分散来源于离心力，市场规模效应、劳动力市场和正外部性都是向心力，不可流动的生产要素、土地地租和外部不经济是离心力。Ellison 和 Glaeser（2010）研究发现，企业的地理集中会推动城市的核心地区发展成更高水平的集聚，专业化分工会较多地出现在外围地区；市场要素如何配置直接影响企业的区位选择，要素市场流通快、需求大时会引致企业大量集聚，反之，企业则向着要素成本较低的区域集聚。

3. 空间集聚和经济效率

伴随经济地理因素研究的深入，学者们不再认为自然禀赋优势是造成产业集聚与城市集聚的根本影响因素。Ellison 和 Glaser（1999）研究发现产业集聚在很大程度上不能用自然优势来解释，产业集聚外部性能够加快信息技术、知识的扩散与外溢，进而扩大了企业的可能生产性边界，促进企业与区域生产率的提高。Krugman（1991）提出地理相邻或相近降低了交通运输成本而节约的部分就是集聚经济的收益。另外，供给要素方如果与提供最终产品的厂商在地理位置上相邻，那么这些生产企业主体将会受益于较低的运输成本从而获得较高的生产率。最近的集聚经济理论研究越来越重视马歇尔（MAR）外部性和雅各布斯（Jacobs）外部性对城市经济所产生的影响。知识和技术集聚是城市集聚经济产生的重要源泉，集聚经济学认为知识和技术在地理位置相邻或者相近的城市之间存在溢出效应。不同城市能够通过"边干边学"而获得由相邻城市所溢出的知识和技术，不少创新正是通过这种知识在地理空间上的集聚而产生的。Duranton 和 Puga（2000）分别探讨了专业化产业集聚和多样化产业集聚对地区经济增长的影响。Brülhart 和 Traeger（2005）研究得出企业的类型与企业所在区域或者城市生产率呈正相关。Marshall（1890）就指出基于劳动力池的分工导致了集聚经济的产生，他提出地方化行业可以利用劳动力池来源源不断地提供新生产技能以获得生产优势，但他并没有区分规模外部性和货币外部性。Overman 和 Puga（2010）首先利用英国年度企业调查数据研究劳动力要素集聚对经济增长的作用，并将 Krugman 的两区域一般均衡模型扩展至多区域、多部门的情况，试图发现不同类型的企业将在哪里集聚才能获得更大的利润；其次通过实证分析得出具有高相似度的部门间如果劳动力可以随意流动，则部门更容易受到外生异质性而产生的集聚经济影响并获得较大收益；最后以制造业企业数据为研究对象，通过实证研究发现劳动密集型企业更容易在地理上产生集聚。

我国学者在衡量集聚经济时方法迥异，主要采用区位商、地区集中度、产业集中度、空间基尼系数、EG 指数、地区专业化指数等衡量集聚经济。

国内学者梁琦（2003）、贺灿飞和潘峰华（2007）分析我国产业空间集聚的变化趋势与特征时，主要采用的是空间基尼系数的方法。该方法并未将企业规模纳入影响因素，不能真实反映产业集聚随着企业规模变化而相异的事实。为了避免企业规模差异对集聚经济估计的影响，Ellusion 和 Glaeser（1997）建立了 EG 指数，主要考虑了企业规模因素。Rosenthal 和 Strange（2010）利用 EG 指数研究了关于美国制造业的产业集中度。发现产品运输成本在国家层面对制造业集聚发生作用，但在次一级层面上作用不显著。Ellison 等（2010）基于 EG 指数研究了涵盖知识溢出效应与上游产业、下游产业相互关联效应的行业内共聚指数，该指数深入剖析美国 1972～1997 年制造业的共存，衡量多行业共存的平均集中度，研究发现美国纺织业共聚现象最为明显。通过分析共聚现象，学者能够将不同行业内各企业标准化进而比较其相似度，这一研究过程的优点是共聚分析能够检验以往经济研究得出的结论而不用给定假设：企业外部环境固定不变或者只存在特定集聚经济模式。

从理论方面研究共聚经济的文献不多，从利用经验研究共聚经济的文献就更少。Ellison 和 Glaeser（1999）研究发现，在"匹配"的制造业不同行业之间往往会产生共聚的经济现象，例如两个行业中，有一方是另外一方的主要原料供应商。Duranton 和 Puga（2005）进行研究分析得出：专业化程度在功能上提高要比在行业上提高更加重要，经济联系在行业间要比在行业内更加紧密，Ellison 和 Glaeser（2010）的研究结论说明企业间最直接产生的贸易关系是通过在经济上和产业上共聚而达成的，这也是集聚经济产生的最重要的方式。

第三节　关于城市群的研究进展

我国经济已经进入平稳较快发展阶段，经济形势复杂多变，学术界研究城市群的内容、角度和视野也在逐渐地开阔起来。国外研究城市群的历史早于我国很多年，研究手段和方法已经开始基于多学科的背景，并逐渐与各学科产生融合来共同解决城市群问题。国外已有很多研究城市群问题的理论，在这些理论基础上，城市群的实践和发展在中国也越来越快。

一、国外相关研究的文献综述

1898 年，英国著名社会活动家、城市学家 E. Howard（1898）是最早从城市群体的角度对城市展开研究的，他的著作《明日的田园城市》创新地提出"田园城市模式"。后来 P. Geddes（1915）在《进化中的城市》中第一次使用区域综合规划方法并以集合城市与卫星城市的关系推演城市的演化形态。英国学者弗赛特在 20 世纪 30 年代提出"城镇密集区"的概念,将其定为为使用城市功能的连续型占地。随后,芬兰学者沙里宁与恩温开展了以城市群体为研究对象的科学探讨,城市群逐渐被学者们所重视。杰弗逊和哲夫在城市群体的规模上展开讨论,哲夫还将"万有引力"首次用来对城市群进行空间分析。在理论方面,维宁推进了城市群合理性存在的解释,并以经济学思维阐释为何要发展城市群。法国著名的地理学家戈特曼(1957)的著作《大都市带:东北海岸的城市化》首次提出城市群体(Megalopolis)的概念,他认为大都市不是简单的城市加总或者某个庞大的城市,而应该是集中连片且在地理位置上连接在一起的具有城市化特征的区域。戈特曼的理论为后来城市群的研究和发展奠定了坚实的理论基础,并且他坚定地认为未来城市必将向着大城市或城市群体的方向发展。美国的学者乌尔曼提出空间会产生相互作用的观点,该理论深刻影响了有关城市群的内外空间作用机制的探讨。加拿大学者纳什(Nash)以及美国学者墨菲(Murphy)赞同戈特曼的观点,他们一致同意要想实现人类在自然资源方面的集约利用,就需要大都市这种全新的城市结构出现,这也是今后世界城市发展的方向。在世界多个地方都出现了多个城市或者区域沿着交通干线作为发展轴线的现象,大都市带在功能与形式上都与普通城市差别显著,不同都市区存在着要素流等促使都市区加强联系,大都市带也绝非是城市区域的简单拼接,它是一个全新的整体,具有完整的空间组织结构。20 世纪 70 年代,希腊学者杜克西亚斯认为巨型的连片大都市区将成为大型城市未来发展的最终形态。加拿大学者麦吉(Magee)通过长年的实地调研,得出亚洲的某些发展中地区以及国家出现了与大都市区相似的空间结构,但是形成背景却截然不同。在原来还是乡村的地区,因密集的非农产业、工业以及服务业迅速产生并占领了交通中通道走廊的位置,随后集中连片而形成都市区或城市带,这种空间结构使城乡差距逐渐缩小,城市和乡村的空间一体化加快,Magee 将这些由交通网络连接起来的城市区域连片区称为超级城市区域。

20 世纪 80 年代末,随着科技信息技术的飞速发展和区域经济一体化的加快,城市群的研究也随之加快和深入。迈克尔劳林指出通过合理的规划布局可以平衡城市群的空间布局。弗里德曼（1986）通过等级结构分析研究了城市群的结构体系，认为跨国企业的地域分工受到了城市群等级体系的影响。曼昆、范吉提斯与魏格纳则以跨国的城市体系为对象，研究了其网络构成，研究结果表明，不同的产业部门在空间上的集聚构成了城市群的基本形态，城市群形成的这种空间组织形态在全球经济发展中占有重要的地位。在日本的城市群研究中，富田和晓（1995）也尝试对城市群地区的人口、产业、居住空间、通勤交通，以及城市的等级结构体系和职能定位做出详细分析。帕佩约阿鲁则对城市群发展能够促进全球城市发展形成网络化模式充满希望。

自 20 世纪 90 年代起，经济要素伴随着区域经济一体化过程的加深开始在世界范围内扩散和推进，新的劳动力地域分工形式产生，随即出现了产业结构优化升级、产业空间重组和产业空间转移等概念。在跨国研究中，海默创新并丰富了空间结构理论，他发现跨国公司多在某国的核心区或者次核心区的大城市扎根。道格拉斯（2000）为了研究巨型城市形成与发展的规律与特征，以亚太地区的特大型城市为研究对象做了深入研究。

在城市规划领域，学者们的研究视角和研究领域也逐步从对城市的研究扩展至对城市群的研究，并取得了比较丰富的科研成果。Peter Hall（2003）回顾总结了英国政府对城市群发展的区域政策和规划的演化过程，并在《城市与区域规划》一书中比较细致地分析了在区域经济发展中城市增长带来的问题，并且从规划的内容、区域规划的实施过程以及区域规划的推进和实施结果评价方面探讨了城市群发展经济可能出现的区域问题和能够寻求的解决途径。在此期间，越来越多的城市规划学者逐渐将政府治理、市场需求在城市规划中的影响力纳入研究范围，使城市群问题成为经济学家、地理学家、城市规划者和社会学者共同关注的课题。英国、法国等国家逐渐尝试在伦敦都市圈和巴黎都市圈等大都市区域和城市集聚区推动城市的区域合作，进一步促进区域经济的一体化发展。在 *European Development Spatial Perspective*（EDSP）中，作为欧洲一体化的监管机构，欧盟强调了怎样才能发挥城市群作为政策主体的力量，利用推行大都市的区域规划政策进而实现欧洲经济空间一体化的迅速发展。

20世纪90年代后期，随着社会信息化建设的发展速度不断提速，城市群的理论研究也随之进入了一个新的研究阶段。特别是一些与信息化相关的城市概念和理论逐步成为研究热点，比如柔性城市、世界城市、信息城市、智慧型城市和学习型城市。其中，世界城市理论视城市为高级商务区、金融集聚区（Sassen，1991）；柔性城市理论视城市为柔性综合体（Veltz，1995）；信息城市理论视城市为信息与经济并存发展的集聚地（Castells，1989）；学习型城市理论视城市为学习性的地方网络结构；智慧城市理论视城市为可从获得的信息中心得到竞争优势的集合体。

二、国内相关研究综述

1. 研究阶段划分

我国学者对城市群的研究从20世纪80年代开始，随着时间的推移，不同阶段有不同的研究重点，根据学者们对城市群的研究重点可以划分为三个阶段：

（1）起步阶段（20世纪80年代至90年代初）。国内首次将戈特曼的大都市带理论引入学术研究的是丁洪俊、宁越敏（1983），他们在著作《城市地理学》中提出"巨大都市带"的概念，随后国内经济学、城市规划、地理学和社会学才针对城市群开展多种理论与实证研究。这一时期主要是将国外的城市群理论和城市群发展与治理经验引入国内，研究对象比较单一，重点包括城市群的概念、类型划分以及形成机理等方面。

（2）渐进阶段（20世纪90年代至2000年）。该阶段出现了大量关于城市群的实证研究，研究成果迅速增长。国内学者在讨论城市群形成机制的基础之上，研究内容向城市群空间结构、城市群空间形态演变、城市群空间范围的确定集中，特别是对京津冀城市群、长三角城市群、珠三角城市群、中原城市群、辽中南城市群等经济综合实力较强的城市群进行实证研究的较多，并且随着信息化的迅速发展，研究方法和手段也越来越丰富。

（3）快速发展阶段（2000 年至今）。从 2000 年开始，城市群研究得到了快速发展，研究内容和方法也逐步深化，研究的视角也逐渐向产业集聚、空间结构演进、可持续发展、规划管理等方面拓展。这一时期的研究成果对城市群的发展起到了非常重要的作用。

2. 理论研究的主要成果及观点

都市连绵区的概念是由周一星（1988）在其研究中首先提出来的。他指出，都市连绵区是以几个大城市为发展核心，其与周围地区或城市有着密切的经济和社会联系，大都市连绵区是沿单条或多条交通走廊布局的大型城乡一体化区域，它是城市群发展的阶段性产物，也是区域经济发展到高级阶段的空间组织单元。崔功豪（1992）根据城市群的发展具有阶段性和水平性的特点，将城市群根据其空间结构划分为城市区域、城市组群和大型城市带三种类型。地理学家姚士谋（1992）对我国城市群做了系统的研究，他认为城市群是在一定的地域范围内，在一定的自然环境条件下，具有一定数量及一定等级体系结构和职能分工的城市，以 1~2 个大型城市为核心，通过发达的综合交通运输网络和信息网络互相联系紧密的城市综合体。代合治（1998）根据城市群面积、城市群人口规模、城市群所辖城市数量以及城市群内城市的空间等级结构把我国划分为四个等级，共17 个城市群，但他未能充分考量城市群发展过程中有关中心城市辐射能力和强度、城市群之间城市空间作用的关系。顾朝林（1999）结合世界城市化的最新研究成果，深入分析研究了中国城市化地区的发展问题，特别是对大城市地区的问题研究更为成熟。张京祥（1999）则从网络体系结构、空间结构演化和城乡的协调发展体系等多个视角研究了城市群的发展问题，研究结果表明，城市群健康有序发展的要求包括有序竞争、人文关怀、城乡协调等，他强调城市群空间组织协调发展的控制模式，在城市群的空间理论研究上取得较大创新。

朱英明（2000）通过构建流强度模型，分析了城市群内部城市的空间相互作用效果，研究成果得到了有效验证。姚士谋（2001）分析研究了城市群空间结构与信息化的关系，研究结果表明，信息化有助于城市群范围的空间拓展，并认为信息化在城市群的空间结构优化中起到了正面作用，大大提高了城市群的竞争力。朱英明等（2001）综合研究了城市群的等级结构体系、功能结构和区域经济增长，为城市群的空间布局规划衔接、统一、调整和管理土地利用提供了理论支持。薛东前等（2002）从城市群体结构、城市群空间、城市土地利用三方面，分析了城市群演化的空间过程，研究了其演化的动力机制、基本特征和规律，揭示了城市群演化与土地利用优化配置趋势。李凯（2016）深入分析了城市群中的集聚与扩散机制，得出结论：在城市化的进程中，大型城市总是超先增长，且具有普遍规律，集聚与扩散理论在城市群的发展过程中得到体现，由于大城市在人才、资本、科技、市场、运输等方面比中小城市具有更好的管理和更高的效率，这使其比起中小城市更容易快速发展，大城市获得优先快速发展以后并不排斥中小城市的发展，两者之间是相互补充、相互促进的过程。最近 20 年来，世界城市体系的发展明显是以首位城市发展带动中小城市发展为趋势，并不是均衡发展的模式，首位城市作为增长极，其快速发展使大城市具有极强的集聚效应，在世界经济和政治格局中的地位越来越高，在世界经济体系中的影响力越来越大。王璇（2012）结合中心—外围理论和区域增长理论，通过分析论证认为，在城市群中极化效应和涓滴效应使中心城市的地位愈加突出。城市群的极化效应主要表现在，中心城市依靠自身优越的区位和自然环境条件，运用交通、通信和网络等手段吸引着周边地区的优质投入要素。中心城市产生"极化"的同时也在向外扩散，产生涓滴效应，这种涓滴效应主要是在资本、劳动力、技术、知识和服务方面向外扩散。当然，极化效应和涓滴效应的主次位置会随着中心城市发展阶段的变化而产生变化，中心城市刚发育的时期，极化作用占主要地位，在中心城市发展成熟期及后期，涓滴作用占主要地位，这两种作用相互交织在一起，也与其他城市的发展交织，共同影响区域经济的发展。

3. 实证研究的主要成果及观点

20 世纪 90 年代中后期，针对我国城市群的实证研究越来越多。主要代表有中国科学院地理科学与资源研究所的京津冀城市群；北京大学的辽中半岛城市群。随着城市群研究的深入，城市群的协调理念逐步深入人心，相关概念也不断被提出，包括市镇密集区、都市会、大都市区、生态敏感区和开敞区等概念。胡序威等（2000）在其著作《中国沿海城镇密集地区空间集聚与扩散研究》中对中国长三角城市群、珠三角城市群、京津冀城市群、辽中南城市群做了全面的实证研究。

国内学者在对城市群经济进行实证研究的时候，角度各有不同。从可持续发展角度对城市群进行的实证研究有：廖重斌（1999）通过构建计量模型，综合评价了珠江三角城市群经济与环境的耦合度，并构建了耦合类型和分类方法；蒋志学（1999）从可持续发展的角度研究城市群发展的经济与社会环境；汤可可（1999）分析研究了制约中国城市群发展的主要影响因子，并对城市群的发展提出了相应的建议；盖文启（2000）结合经济结构、生态环境、基础设施建设和政治因素等制约因素，分析研究了山东半岛城市群资源利用和经济社会可持续发展的状况；王树功等（2003）以珠江三角洲城市群为研究对象，指出了珠三角城市群面临的环境风险和可能出现的问题；熊曦等（2009）从绿色生态、绿色生活、绿色生产三个层面构建长江中游城市群绿色化发展水平的测度指标体系，并运用熵值法对其空间差异展开了实证，认为各地区绿色化发展水平存在显著差异，其形成的原因具有异质性，而经济实力、产业结构以及城镇化发展水平和开放开发程度是对其产生显著影响的因素。从产业发展角度对城市群进行的实证研究有：许学强等（1994）从劳动分工的角度阐释了城市群的形成和发展机理过程；刘则渊（1999）以辽中南城市群为对象，在分析其经济结构之后认为工业化、城市化、市场化是未来城市群的主要发展方向，并指出信息化、服务化和知识化将是城市群发展的重点。

从城市群的经济运行角度进行的实证研究有：曹扶生（1995）主要利用中心城市与周边区域的关系，深入研究了两者的一体化发展；黄莉萍（1999）为了研究城市群的可持续发展，对湘中城市群在经济一体化发展过程中出现的主要问题进行了剖析，并针对这些问题提出了具体政策建议；周国华（2001）侧重分析了实现一体化融合发展城市群需要选择的路径、基本原则及采取的主要对策。

从城市群的机制角度进行的实证研究有：阎小培（1997）以香港、澳门和珠三角为整体，剖析大都市区的特征，并指出大量资本的集聚、优越的政策环境、行政壁垒的弱化、技术和人才资源的集聚、城乡融合发展和完善的综合交通网络是城市群形成和发展的重要因素；顾朝林等（2000）以长三角为研究对象，研究其存在的现状特征、发展演化过程以及动力机制和发展战略。

从城市群空间发展模式角度进行的实证研究有：章国兴（1999）通过对城市群内部各中心城市的准确定位，建立了以增长极城市为中心的城市网络系统；齐康等（1997）对皖江城市带的人均收入水平、城市化和产业化水平以及区域内基础设施建设水平进行空间对比分析，对该城市群的发展模式提出了有益的建议。

从城市群之间相互比较角度进行的实证研究有：张新华等（1996）对长三角城市群和长江流域的开发进行了研究，探讨了区域之间的经济联系和协调发展程度；陈凡等（1997）将我国城市群的建设经验与国外城市群进行对比，倡导应该重视首位城市的重要作用，并提出辽中南城市群的发展思路，甚至具体到城市群的交通网络建设和城市群经济的动态发展过程。

三、城市群研究的总体述评

人类社会经济发展演化是具有阶段性的，城市群作为发展到高级阶段支撑人类社会经济活动的空间单元，已经成为人们研究的热点问题。在城市群的发展演化过程中，工业化进程和城镇化进程的加快对城市群的发展起到了举足轻重的作用。经过大量科研人员的深入研究，关于城市群的研究在实证分析和理论研究上都获得了长足的发展，研究领域从社会、经济、环境等逐步扩展到了许多新的领域。但是与国外城市群研究相比，我国城市群研究起步较晚，在城市群研究方面还存在着许多不足之处。

（1）城市群研究尚未形成整体性和系统性的理论基础，缺乏多学科的综合研究。城市群是一个综合的地域空间单元，应从多维视角和多学科综合研究，但目前大多仅限于地理工作者和城乡规划科研人员的研究，与经济学、生态学、社会学和文化学等多学科交叉融合的研究较少，相关的研究成果也相对较少。经济增长作为城市群的最主要的研究课题，虽然研究成果不少，但是研究的深度不够。综合性和独立性是城市群特有的经济特征，其核心的问题包括：城市群增长的动力是什么？限制城市群增长的因子是哪些？如果要准确地解读城市群在市场、产业发展和生态环境方面面临的发展问题，必须要回答以上这些问题。可是目前关于城市群的研究大多仅限于地理学领域和城市规划领域，在经济学领域、社会学领域研究的学者比较少，研究现状不容乐观，这也成为城市群理论研究滞后的主要原因。

总之，在对城市群经济增长的研究中，从规模效应这一视角的研究还比较少。梳理前人的研究可以发现，规模效应只是作为城市群研究的前提假设条件，而没有深入挖掘规模效应的内在特征及其内在机理，所以在这一领域的研究少之又少，特别是缺乏理论和实证分析。

（2）在城市群理论不断丰富的同时，也应看到城市群研究的理论体系还相当薄弱，缺乏系统性。发达国家的城市群理论只算作经济地理学（空间经济学）的分支，经济学者所进行的理论开拓非常有限，大多数的成果是实证研究，理论研究进展缓慢。我国学者对城市群的理论研究倾向于介绍和引用国外成熟的经济地理理论和城市群实证结论，而主动进行城市群内在机理研究的成果较少，专门研究城市群的著作不多。

（3）缺乏大数据的支持。由于历史原因，对城市群定性描述的研究相对而言较多，定量研究亟须丰富和加强。特别是随着城市群研究的逐步深入，研究的范围和深度对数据的要求也越来越高，目前的数据基础不能支撑研究的进展需求。特别是在大数据时代背景下，研究城市群的演化机理，不但对数据的历史时间跨度要求提高，而且对数据多样性的要求也在不断提高。

（4）城市群是一个复杂的巨系统，笼统概括的定性研究并不能准确地反映城市群的发展特征，对实际的发展指导意义不大。因此，需要从系统的视角出发，多尺度、多视角、分层次、有差别、系统、深入地研究城市群。

（5）在目前的城市群研究中，对影响城市群发展的新出现的要素或因素研究不足。特别是近年来出现了产业的空间转移、产业结构优化、产业重构以及跨国企业等产业现象，但是在城市群的研究中还比较少。另外，随着环境问题的日益突出，环境因素已经逐渐成为城市群发展过程中最具影响力的要素，但是对城市群生态环境的研究成果已不能满足城市群目前发展的需求。

（6）研究手段相对落后。与国外城市群实证研究相比，我国的实证研究中将城市群研究与新技术、新手段的结合较少。3S（GIS、GPS、RS）技术、信息网络集成技术在国外已经被很多专家学者应用到城市群的研究中，特别是在城市群的空间拓展、城市群内部城市的相互作用的研究中需要长时间的动态监测或者进行空间模拟的可视化，因此，我国在这方面的研究仍然需要进一步加强。

第四节　产业集聚与经济增长的相关研究

要探讨产业集聚对城市群效率的影响，首先要研究产业集聚与经济增长的关系。当前理论研究产业集聚与全要素生产率关系的文献较少，大部分文献是关于产业集聚对经济增长的影响，其研究脉络是"古典区位理论—新经济地理理论"。

一、在古典区位理论的框架下讨论产业集聚对经济增长研究

Marshall（1890）是最早研究生产集聚对经济增长的影响的，他在研究中认为劳动力池、知识溢出效应、技术溢出效应、交通溢出效应可以完善公共服务基础设施并使经济保持一定的增长。随后学者 Perroux（1955）提出了增长极理论，认为由于某国不同产业部门或者地区差异性经济增长动力会很难实现全国层面

的均衡，所以需要培养本地条件好的区域或者产业部门成为增长速度较快的极点，通过增长极点向其他区域传导以实现整个区域的经济增长。在增长极的基础上，Boudeville（1966）引入"增长中心"的概念，他主张从经济空间维度将增长极理论扩展到地理空间维度，联合经济空间和地理空间一起认识经济增长的现象。Nicholas Kalodor（1961）研究发现空间集聚在规模报酬递增存在的情形下，空间集聚的自我强化性能够使集聚产生的地区比周边地区增长更快。Myrdal（1957）和 Hirschman（1958）研究发现只要存在集聚外部性，那么产业集聚的强的边界溢出效应与循环累积机制就能使区域经济产生一定程度的增长。

二、新经济地理学下讨论产业集聚对经济的增长的作用

20 世纪 80 年代，经济活动集聚出现，学者们大量运用新经济增长理论进行关于产业集聚的研究，但多数都处于静态的研究，不但缺乏对空间因素的考虑，也没有考虑要素具有流动性，因此并不能合理地解释产业集聚现象的出现。直到 20 世纪 90 年代初，Krugman（1991）、Fujita（1999）以及 Venables 等（1995）提出的新经济地理理论蓬勃兴起，产业集聚才与经济增长从真正意义上开始结合。以上研究大致在冰山成本和规模报酬递增的假定之下，以 D－S 垄断竞争模型和国际贸易模型为基础，解释产业和地区集聚现象，并分析产业集聚与经济增长之间的密切联系。

Krugman（1991）提出的均衡模型涵盖了地理和经济双重因素，他指出集聚经济产生的外部性效应促使产业在空间的分布千差万别，而地理空间上的集聚产生的自我强化效应促使不同的产业或者相同的产业日益累积。Venables（1996）考虑到产业有前向联系和后向联系，在研究两个制造业生产地区的时候，认为产业的前向联系和后向联系可以影响和决定企业的区位选择，并指出运输成本处于中间水平的时候，企业空间选择更多地依靠产业的前向联系和后向联系。Krugman 和 Venables（1995）在对经济全球化如何影响制造业在空间上的分布进行研

究时，强调中间产品的存在能大大增加不同企业之间的关系性，使企业在空间上产生集聚。当运输成本提高，制造业部门所有企业都会进行生产，当运输成本下降达到临界值时，区域之间将会形成中心—外围模式，这时中心地区的收入往往会高于外围地区的收入。以上讲的是新经济地理学的静态理论，比起古典区位理论，它可以反映产业集聚形成的空间机制，但其相关假设简单，模型过于理想化，存在很多不足。Fujita 和 Thisse（2002）指出新经济地理学中各种模型参数通常都用来决定经济活动是否达到均衡，参数值都是外生性质，用来反映产业集聚对经济增长或者产业集聚对全要素生产率的影响并不真实。

后来的学者使用内生经济增长理论尝试构建动态化新经济地理学模型，并在动态的过程中强调产业集聚、知识外溢与技术外溢的相互作用。Englmann 和 Walz（1995）第一次在新经济地理理论的分析框架中加入内生经济增长理论。Englmann 和 Walz 假设经济社会存在三大部门，分别是农业、制造业和创新部门，且把劳动力要素分为熟练和非熟练两种，劳动力熟练区域的创新部门相对其他部门具有较高的产出，更容易与创新部门紧密相连，扩大生产规模，从而制造业部门形成集聚，而这又增加了该地区对劳动力的需求量和对创新的渴求，循环累积使该地区拥有先进的技术水平和较高的经济增长水平。值得注意的是，他们忽略了对市场结构和消费者需求的分析，而太重视企业的供给。

第五节　经济效率及影响因素的相关研究

一、国内外研究进展

虽然在很早的时候效率问题已经引起了英国经济学家亚当·斯密的关注，但是仅限于定性的分析和描述。直到 20 世纪 20 年代，效率问题才被柯布—道格拉斯（Cobb－Douglas，1928）应用计量方法展开研究。阿布拉莫维茨（Abramov-itz，1956）以美国为研究对象，对 1869～1878 年的经济增长效率展开了研究，研究结果表明，导致经济产出增长的因素不只有生产要素投入的增加，还有其他的因素导致了经济产出的增长。索洛（1957）提出了索洛剩余（Solow' Sresidu-al）的概念，并将技术进步和技术变化纳入这一概念之中，认为经济增长是因为技术变化。经济学家肯德里克（Kendrick，1961）将 TFP 理解为除了要素投入产生的其他造成经济增长的原因，并将生产率划分成全要素生产率、单要素生产率和总生产率，从此以后，绝大多数的经济学专家不约而同地将索洛剩余视同 TFP 增长率，在技术进步对经济增长的定量计量模型提出来以后，引起了学术界对该领域的重视。因此在随后的时间内，一系列比较合理的模型框架和计量方法被构建出来，并被大量应用到全球多个国家的经济增长效率的研究上，取得了丰富的研究成果。在增长效率的内涵上，在当前的研究中，社会资源配置和生态环境因素已经被纳入新的研究范畴，而非简单考虑传统的市场价值的投入和产出。在测量方法方面，最初的指数法已经成为过去式，现在开始转向非参数和多参数方法，或者是非随机和随机方法等计量方法。在我国，特别是"东亚无奇迹"的论点被克鲁格曼提出以后，这一问题开始得到国内诸多学者的普遍重视和广泛研究。

自从认识到资源环境因素将影响经济效率和生产率评价结果的精确性后，从 20 世纪 80 年代，环境因素被大量文献和理论模型纳入效率和生产率评估中来。从最近几年的研究成果看，在城市化的研究中，效率分析法已经被国内学者广泛应用，具体来看，可以分为两个研究层次：

1. 单个城市的研究

李郇等（2005）以中国 202 个地级以上城市为研究单元，根据 1990～2000 年的城市数据，运用 DEA 方法评价了城市效率，研究结果显示，造成城市效率普遍较低的主要原因是规模效率的降低。金相郁（2006）以中国 41 个重要城市 1990～2003 年的数据为样本，运用 Malmquist 生产率指数做了评价分析，评价结果表明提高城市全要素生产率的主要途径是技术进步，并且城市全要素生产率与城市规模增长呈负相关。高春亮（2007）运用同样的研究方法发现我国城市全要素生产率在 1998~2003 年得到有效改善，并提出我国城市未来发展的关键是要素使用效率。此外，做相关研究的还有刘秉镰和李清彬（2009）、戴永安（2010）。

2. 城市群全要素生产率的测定

在城市群的研究中，长三角、珠三角和京津冀三大城市群是研究热点，对三大城市群的全要素生产率从不同的时间段和角度做了详细的研究。其中，余静文和王春超（2011）研究发现三大城市群没有合理利用规模经济，致使全要素生产率出现了负增长。李红锦和李胜会（2011）、王兵和肖海林（2011）等经济学专家也做了类似的评价研究，结论大致相似。方创琳等（2011）从空间地理的视角，运用 Bootstrap–DEA 方法，分析评价中国城市群的投入产出效率和空间格局变化。肖小龙等（2012）在基于 DEA 模型的 Malmquist 指数方法的基础之上，研究了我国西部地区 7 个主要城市群在 2001~2010 年城市群全要素生产率的动态变化，得出技术进步是推动西部城市群全要素生产率上升的主要原因，西部地区城市群的经济增长或将处于投入增长阶段。

二、理论研究

1. 索洛关于全要素生产率的研究

1957 年，索洛公开发表了《技术变化和总量生产函数》，该篇文章被一致视为全要素生产率研究的始祖。在论文中，索洛将劳动力和资本量作为总产出函数的自变量，用总产出减去劳动力和资本产生的产出量，剩下的增长量则被认为是生产技术的改进产生的。研究结果显示，在 1909 年后的 40 年间，技术进步是美国国民经济保持增长的重要因素。索洛为了简化经济问题，对前提假设条件进行了设定，这些假设条件包括：技术进步是希克斯中性技术进步，处于完全竞争市场中，资本和劳动力是主要投入要素，并且可以得到充分利用。但是，就是因为这些前提假设，索洛余值测算方法暴露出很多不足之处，主要表现为：首先，在前提假设中要求资本、劳动力得到充分利用，而在现实中这种假设是不存在的或者说是难以实现的；其次，索洛的方法借助于经济计量和数学推导，用总生产函数间接地测定"余值"，并作为技术进步的贡献。这个"余值"不仅包含了狭义的技术进步，还包括了其他因素的影响，由此直接导致了对技术进步贡献率的高估。尽管索洛的研究存在一些缺陷，但其研究揭示了经济增长是由很多种的因素作用形成的结果，除了生产的投入要素之外，技术进步也在其中起到了很重要的作用，在生产要素投入量不改变的情况下，可以使经济得到增长。

2. 丹尼森（Denison）有关全要素生产率研究

丹尼森在其著作《美国经济增长的源泉》一书中，对影响美国经济增长的因素进行了详细分析。丹尼森把经济增长归因于生产要素的投入导致的经济增长和生产率提高导致的经济增长。丹尼森认为生产要素投入量包含两个要素，即资本和劳动力。其中，资本表现为数量上的增加；劳动力则表现为劳动者在数量上的增长和劳动者素质上的提高。生产要素生产率包括资源配置的改善、规模的节约和知识的进步三个方面。丹尼森认为，知识进步能使同样生产要素投入量的产品所需的投入量减少，从而促进经济的增长。此外，丹尼森重视教育在经济增长中的重要作用，他估计了教育因素在美国经济增长中的重要性。他的研究表明，教育水平的提高将引致劳动者受教育程度的提高，不仅促进经济的增长，而且还将改变未来经济增长的方式。同时，丹尼森还估计知识的进步将是未来生产率提高的主要原因，知识进步的重要性越来越显著。丹尼森还提出了TFP的另外一种算法——增长核算法。这种算法认为对资本和劳动两种投入要素的同质性假设造成了对投入增长率的低估，继而又是造成索洛算法的技术进步存在一个较大的TFP增长率的主要原因。

3. 乔根森（Jorgenson）关于全要素生产率的研究

乔根森在1967年发表的论文《生产率变化的解释》中，对产量与投入要素思想进行了较好的论述，比如按照行业、年龄、性别、就业、教育类别和职业六个特征对劳动力进行交叉分类，将工作时间和质量两个指标变动总和计入劳动投入的增长。他在全要素生产率问题的突出成就在于将总量产出、资本投入与劳动投入进行了细致分解，以及采用超越对数生产函数的形式，在部门和总量两个层次上对全要素生产率进行了测算。此后，乔根森使用投入产出数据对"二战"后美国经济增长进行了测算分析，他认为经济增长的主要源泉在于人力资本和非人力资本的投入。总之，乔根森的研究使理论和方法进一步深化，为后来的研究提供了广阔的思路和视角。此外，一些学者运用生产前沿、随机前沿，以及数据包络分析方法等对全要素生产率进行测算和分析。当然这些方法都是和实证结合起来的，这里不再进行分类梳理。

三、实证研究

1. 城市规模与经济效率的研究

Sveikauskas（1975）对美国城市进行研究，结果表明城市规模增加一倍，生产率将上升 6%～7%。Ciccone 和 Hall（1996）使用美国各州的数据分析了劳动生产率和就业密度之间的关系，认为金相郁（2006）研究发现不同的城市类型、不同的城市规模和不同的地域范围内的城市规模效率差异显著，具体表现为中小城市较大型城市的城市规模效率明显，新兴工业城市较传统工业大城市规模效率明显，东部小城市、中部大城市和西部的规模效率较高。Ellison 等（2007）使用 1972～1997 年美国制造业板块数据对马歇尔提出的集聚经济三原理进行了检验，发现导致集聚的最重要因素是投入和产出之间的依赖关系，其次是劳动力市场共享。陈良文和杨开忠（2007，2008）也曾对城市的生产率、城市规模与经济密度等进行过实证研究，验证了我国城市集聚经济效应的存在。刘云中（2009）等其他学者（俞立平等，2006；郭腾云，2009；胡喜生等，2010）也对城市规模与生产率的关系进行过探讨。

2. 集聚与经济效率的研究

一些学者对经济增长和经济集聚效益的关系进行过关注。Fujita（1999，

2002，2003）、Krugman（1991，1995）的研究说明了两者之间存在互相强化的内生性关系，具体来看，市场潜力上升，企业利润也会随之增加，市场潜力较大的地区也会集聚更多的企业，企业的集聚也提升了这些地区的市场潜力。Porter（1998）研究了集聚与竞争对经济的影响。Martin 等（2001）试图构建解释集聚与经济增长的纯理论模型。理论模型认为，在规模报酬递增和贸易成本的共同作用下，市场需求较大和创新活跃的地区对生产企业产生很大的集聚。与此同时，集聚地区的创新成本也会随着经济集聚的规模效应和技术外溢逐步降低，集聚地区的经济效益逐步提高。其他学者（Henderson，2003）使用了不同国家或集聚对于劳动生产率的影响，也发现经济集聚与劳动生产率之间呈显著的正相关关系，集聚经济产生的重要原因是规模经济和外部性。由此，相邻区域之间经济发展的外部性是不容忽视的，而且在研究集聚经济与经济效益关系中引入空间计量经济学的方法是非常必要的。以 Anselin（1998）为主要代表的部分空间计量经济学家认为，任何空间数据都拥有空间自相关或者空间依赖的特点，学者们应当考虑空间依赖性在空间板块或者截面的分析，这样可以减小一些分析的误差。Fingleton（1999）以 178 个欧盟地区的数据为基础，使用了空间误差自相关模型来分析哪些因素决定了欧洲区域生产率，并发现了显著的跨区域外部性是由资本积累带来的。Elisabet（2004）使用空间计量方法分析了西班牙城市和集聚经济的情况，研究的结果也表明了在某些部门，相邻城市的就业水平或人口规模对城市集聚经济起到了明显的强化作用。Van（2007）以荷兰的集聚经济为例，研究其在不一样的空间范围的作用以及在同一行业内部和行业之间作用时，运用了空间滞后模型最终得到了更为准确和稳健的分析结果。从这个意义上说，经济效率也是存在溢出的，即一个地区在其经济效率提升的过程中，可能会带动其他区域经济效率的提升（刘建国，2010）。Elisabe（2004）考察了集聚与企业的区位选择问题，得出产业越集聚越是企业选址的首选，因为集聚可以带来更高的效率和效益。还有一些理论研究（Fujita et al.，2002；Yamamoto，2003；Duranton et al.，2003；Ellison et al.，2007）是在构建多地区或多部门理论模型的基础上，得到经济效益与经济集聚之间相互强化的结论。在实证研究分析方面，很多学者同样关注经济增长与经济集聚之间的关系。其中，Ciccone（2002）在分析西欧五国劳动生产率如何影响就业密度效应时，发现生产效率与经济集聚之间的内生性，并运用了测度经济集聚的工具变量。Brulhart 等（2007）对 Ciccone（2002）的分析研究做了进一步的扩展，他使用欧洲各地区 1920～2003 年的面板数据分析了就业密度对经济增长的效应，结果表明经济增长相对于经济集聚的弹性为13%。文玫（2004）讨论了中国工业在区域上的集聚。贺灿飞（2005，2007）研究发现：企业所属产业在空间上越集中，所在城市人口密度越高以及外资企业产值比重越高，企业的生产效率也越高；空间尺度越小，产业划分越细，制造业在空间上越集中，其经济效率越高。继而，王俊松等（2009）以中国 2160 个汽车企业为研究对象，考察集聚经济和外商直接投资对中国企业效率的影响，研究表明内部规模经济、城市化经济和地方化经济能显著提升汽车企业效率，企业越集聚，越能提高生产效率。张艳等（2007）、金煌等（2006）以及范剑勇（2006）也曾对集聚与经济增长的关系进行过探讨。其中，范剑勇（2006）从产业集聚、劳动生产率、地区差距的相互联系出发，分析了中国 2004 年地级城市和副省级城市的数据，发现非农产业劳动生产率对就业密度的弹性系数高于现阶段欧美国家的水平。朱英明（2006，2009）的研究发现，产业集聚对全要素生产率增长的影响类似于对区域制造业规模经济增长的影响。邓智团和宁岳敏（2011）对长三角 16 个城市的要素集聚与经济的效率进行了研究，得出了要素集聚将显著提升城市的经济效率的结论。

值得注意的是，某些研究者在分析经济集聚与生产率增长的内生关系时，发现经济外部性不仅存在于区域内部，同时还超越了区域边界（Palivos et al.，1996；Van，2007），这也证明了溢出的存在。在开放经济条件下，无形的技术和知识会在城市之间流动，同时，同一城市中的生产部门与设置会为相邻城市服务，城市之间在一定程度上相互影响、相互依赖。总之，已有文献表明，集聚经济产生的重要原因是规模经济和外部性。由此，因邻区域之间经济发展的外部性是不容忽视的，而且空间计量经济学作为一个非常有效的技术手段在研究集聚经济与经济效益关系中是非常必要的。Anselin（1998）等空间计量经济学家认为，在空间分析中考虑空间依赖性以此来减少分析的误差非常有必要，因为绝大多数的空间数据都具有空间自相关特征。Elisabet（2004）在研究西班牙城市集聚经济和工业分布时运用了空间计量模型，研究表明，城市集聚经济明显受到了相邻城市人口和就业水平的正向影响。Fingleton（1999）基于 178 个欧盟地区的经济空间数据，运用空间误差自相关模型，研究了欧洲区域生产率的影响因素，发现显著地块区域外部性是资本积累带来的技术外溢导致的。Van（2007）运用空间滞后模型研究荷兰集聚经济在不同空间尺度下的影响以及产业内部和产业间的相互影响，得到了比较稳健和准确的结论。从这个意义上说，经济效率也是存在溢出的，即一个地区在其经济效率提升的过程中，可能会带动其他区域经济效率的提升（刘建国，2010）。

第三章　产业集聚与城市群经济增长的关联互动

新经济地理学认为，在规模收益递增的作用下，两个自然条件相近的地区会因为偶然因素导致产业开始某地集聚，产业集聚通过共享、匹配、学习三种微观机制促进生产率的提升与经济增长。

经济活动空间集聚的效率主要体现在以下两个方面：

第一，产业集聚与经济增长之间存在相互强化的关系。当运输成本足够低时，制造业部门和创新部门都会在同一区域集中，与之相对应，其他区域只能专注于农产品的生产。即使制造业部门的企业数量与日俱增，上述空间格局仍将维持不变。这意味着，从空间效率的角度上看，促进产业空间分散的政策有可能会损害全球经济的增长。

第二，产业在中心地区集聚并非必然导致外围地区的贫困化。当集聚没能激发出足够的增长时，更多经济活动向中心区域的转移确实会损害外围区域居民的利益。与之相反，如果集聚激发了足量的增长，集聚、增长和平等之间的相互抵触就不那么明显了，中心—外围结构下的外围区域居民福利可能较分散结构下更高。

回顾以往的理论研究成果，在产业结构演变理论研究中，在区域层面和城市群层面的支撑理论研究有很大差异。区别在于，区域产业结构演变理论主要由产业链、雁型和演进理论支撑，城市群产业结构理论研究主要突出两个方面：一是重点研究区域间产业的分工的合理性和效率；二是重点研究区域内产业的纵向和横向间的联系。

单个城市的发展是通过其自身的核心竞争力优势实现的，而在城市群的发展中，城市间产业的分工协作能够极大地实现和提升城市群产业发展水平。以单个城市经济效益最大化的视角分析，通过产业结构升级和调整实现经济效益最大化的产业发展水平是多少？产业发展水平的判断尺度如何界定？产业调整的具体方法路径是什么？具体到产业的调整程度多少？在产业调整中政策手段和市场手段如何发挥效果？对于以上问题，在城市群的尺度上乃至全国和世界的产业发展基础上，运用产业经济学理论基本上可以做出初步判断，然而，产业的整体概念不能够在以上这些局限在某些产业的判断中有效体现。从城市群的范围来看，产业集聚调整的方向是什么？如何平衡产业多样化和专业化的关系？如何衡量城市群意义上的产业结构状态？城市群范围内的城镇之间处于何种产业状态其整体的产业经济效益会达到最大化？这些是城市群区域研究必须回答的问题。因此，城市群范围内经济增长效率的研究应该是产业运行效率和方式的研究。

第一节　城市群的形成
——集聚效应与扩散效应

为了深入分析城市群形成过程中产业的作用机理，本节将借鉴相关城市系统的相关分析模型，包括城市系统秩序形成模型、集聚经济形成基础分析（赫尔斯利，1990），以及亨德森和密尔斯的城市分析模型。

在产业集聚和关联效益的共同影响下，生产活动受到规模报酬递增和不完全市场竞争的作用，运输成本成为产业活动的重要影响因素，进而产业活动倾向于在一个地方集中进行规模化生产和生产多样化，从而实现规模和范围经济。同样，从事产业经济活动的主体为了实现通勤成本最低也倾向于集中，相应地在需求导向下，产业经济活动的关联产业和劳动人口为避免运输成本和通勤成本也倾向于集中选址。随着城市的发展，运输成本将逐步降低，人口和产业经济集聚的外部效应将逐步增强。在集聚经济的作用下，城市的核心功能得到逐步加强，能够提供更加多样化消费的大城市将对具有较强产业产品需求的劳动力产生吸引力。随着劳动者对产品需求的快速增长，核心城市对周边市场的吸引力将逐步增强，在马太效应的作用下，城市将集聚吸引更广范围和更大规模的人口和经济活动，进而形成更大的市场覆盖区域。但是，在城市获得逐步递增的集聚经济的同时，通勤成本也在逐步递增，核心城市的集聚经济外部负效应也随之加强，劳动力的社会价值降低，核心城市的经济产业活动开始向外围扩散，在集聚经济和运输不经济的博弈下次级城市逐步形成。在产业集聚效应的作用下，新的集聚经济在次级城市逐步发展壮大，经济活动、劳动力、资金不断涌入次级城市，城市间也逐步形成比较稳定的分工协作关系，城市群开始发展。

一、产业的关联效应

城市集聚经济受到不同产业间的联系和不同城市间产业联系的正向作用。在城市经济分工效应的影响下，专业化的产业部门需要其他的相关配套协作和服务的产业部门，因此，相比过多的城市间的分工协作不经济，这是解释城市发展不能只发展独立的几个工业部门的主要原因。其他配套协作和服务部门可以从横向和纵向来区分，针对一个产业部门，横向关联产业包括能够为该部门提供相关、互补的技术或产品的企业部门。纵向关联产业包括能够为该产业部门提供包括设备、零部件、产品服务等上下游支持和服务的企业部门。另外，还应该包括培训、研究、咨询、交易和技术支持的政府部门及其他机构部门。从系统理论的视角看，最初的城市产业发展系统相对是比较简单的，随着产业系统的逐步细化和分化，产业系统内部各产业逐步发展为横向、纵向的分工合作关系，城市产业系统将越来越复杂。在产业关联效应的作用下，城市产业系统功能不断完善和加强，相应的城市集聚经济也不断被放大。

在城市产业链条中，大部分产业部门同时是生产要素需求部门和要素供给部门，衡量产业的关联强度可以用产业关联系数表示，产业关联系数主要表达了城市企业间的产业关联情况，其公式为 $L = I_s / I$。其中，I_s 表示专业产业的工业总产值，I 表示城市总的工业产值。

二、产业的聚集效应

在一定地域范围内，特定产业及上下关联产业和支持配套机构部门或者不同产业的地理集中称为产业集聚，产业的集聚促进了城市群的形成和发展。在众多经典理论中，新经济地理学的观点为产业集聚提供了新的研究视角。首先，产业规模的扩大，带来了产业中间投入的增多，产业分工更加细化，产品价格也逐步降低，产业集聚的向心力更强。其次，多样化的消费是吸引消费者的重要因素，消费者更倾向于产品品种更丰富的地区，在规模报酬递增的作用下，产品种类的多样化将限制单个企业生产规模的扩张。最后，从城市或区域看，经济规模扩大意味着产业产品的种类数量也就越多，每一个产品的规模也可以扩大，那么城市的经济规模报酬递增效应得到充分发挥，多种产业产品的地理集中形成了区域的集聚现象。由此可知，规模经济和范围经济的共同作用形成了产业集聚。

产业集聚的过程也是生产要素的地理集聚，主要表现为资本、技术、劳动力等生产要素的集聚，同时也促进了服务业部门和其他配套支持产业部门的集聚。具体来看，为了获取规模经济和外部经济，考虑到通勤成本的压力，必将带来从事于空间集聚企业的大量劳动力的空间集聚。劳动力人口的空间集聚，必将带动其他相关经济生产活动和劳动力的进一步空间集聚，这就可以称之为产业集聚带动下的城市集聚。以上是城市量的集聚，城市质的集聚则需要在产业规模集聚的同时形成有效的专业化分工和产业结构优化升级。产业结构优先升级主要表现在产业组织结构、产业空间结构、产品结构、产业技术结构升级上。产业量的集聚和质的集聚共同扩大了城市产业的规模扩张和空间辐射范围的扩张，成为城市产业可持续演进发展的动力。

通过梳理相关经济参考文献可以发现，区位基尼系数是衡量城市产业集聚的重要测量指标，主要是比较分析一个地区某一产业就业人数占总就业人数的比重。区位基尼系数的公式为 $G = \sum (x_i - s_i)$，产业空间集聚程度越高，区位基尼系数也就越大。该系数被克鲁格曼、费尔曼等人用来测算美国制造业的集中度，但由于该方法没有考虑企业的规模差异，如果该地区存在规模非常大的企业，计算结果有可能显示集聚程度较高，但实际上并没有产业集聚现象，因此这一方法存在一定的缺陷。为此，埃尔森考虑到垄断的因素，提出了一个新的测量产业集聚模型，该模型为 $(1 - \sum_i x_i^2)$ 除以基尼系数。

三、产业的信息外溢效应

产业信息外溢效应与产业的关联和聚集效应之间存在着正反馈的相互作用关系。首先，信息外溢是产业集聚形成的重要原因，因为集聚企业部门可以从产业集聚获得技术外部性，Arthur（1997）证实了该观点。同时，产业集聚的产生具有较大的偶然性，一个技术创新造成的规模报酬递增往往是产生产业集聚的重要原因。其次，产业集聚和关联效应也会产生技术创新和外溢，大量相同产业的企业部门和关联产业的集聚，不但有利于知识、信息、经验、技术的交流和反馈，而且在竞争效应的作用下逼迫企业部门推动技术和管理创新，最终实现信息资源互利共享，产业优势互补合作。在溢出效应作用下，如果某个核心技术出现创新突破，产业集聚中的细分下属产业部门都将享受到创新技术信息溢出的推动，创新模式将呈现网络化的发展与演化。历史经验证明，在信息外溢过程中，产业集聚区的扩散速度要快于其他区域。

第二节 产业集聚推动城市群经济增长的微观机理

为什么产业集聚能够推动城市群经济增长和效率提升呢？亨德森（2000）的研究结果表明，一个国家或地区由农业经济向工业或服务业经济转变过程中，信息外溢效率受到城市产业集聚和人口集聚测度的影响，即集聚程度越高，信息外溢效率越高，劳动力市场也就越高效，企业的货物运输和产品销售的运输成本也就越低，进而整个区域的经济发展和运行效率也得到提高。

产业集聚可能促进城市经济增长的原因如下：产业集聚能够提高城市劳动生产率，因为产业的空间集聚有利于发挥学习效应，高度的专业性技能、信息和知识能够通过地理位置上的集中而传播和扩散，企业间可以通过互相交流经验和技艺来提高劳动生产率；由于空间位置的临近，企业间交易所需的交通运输成本大大降低；产业集聚加强了产业内企业的集中及关联，有利于发挥公共设施和中间投入品的规模效益；产业集聚还通过支撑机构和产业内部各企业的相互作用形成一个城市创新体系，从而提高整个产业的创新水平，促进城市的创新绩效。但是，产业集聚也可能不利于城市的经济增长：产业集聚导致企业技术创新比较容易被模仿和复制，一定程度上抑制了知识和技术溢出效应的发挥；同行业产业在空间上的集中会产生激烈竞争，导致企业利润下降，不利于城市的经济增长；越来越多的企业集聚后，会产生负外部性，公共基础设施饱和带来了公共产品供应不足，从而加剧了企业间的恶性竞争。

一、藤田的要素迁移驱动模型

以藤田为代表的新经济地理学派提出的要素迁移驱动模型其核心是通过要素向城市集中来驱动经济增长，主要依靠产业集聚带动企业向城市集中以及允许人口向城市迁移以发挥人力资源优势。

二、克鲁格曼—蒲格地理集聚模型

Krugman（1991）提出了劳动力流动的需求关联地理集聚模型，他认为只存在城市部门内部的区际劳动力流动，区域内部农村部门向城市部门不存在劳动力迁移，这一观点并不符合我国农村存在大量剩余劳动力的实际情形。在此研究基础上，Puga（1998）提出的地理集聚模型与发展中国家的真实情形比较贴近，这一模型同时包含了区际劳动力迁移和区域内产业部门间的劳动力迁移。因为Krugman – Puga 提出的需求地理集聚模型的使用条件是在特定工业化水平下的产业的地理集聚，并不是解释工业化和经济增长与产业集聚的动力机制问题，因此，该模型不能够直接用于分析城市群产业集聚对经济增长的驱动机制。然而，模型中关于劳动力的需求联动的思路可以用于解释农村人口迁入城市并推动城市经济增长的动力机制以及城市群的发育和形成。劳动力的迁移过程同时包含了城市群内部农村人口的迁移和城市群外部人口的迁入。蒲格提出的 Krugman – Puga 模型为人口和劳动力的迁移推动城市群经济增长和效率提升的运行机制奠定了理论基础。劳动力迁移的直接效果就是显著增加了集聚区内劳动力的供给以及本地区产品的消费需求规模，因而在抑制城市群内工资上涨的同时提高了生产的规模报酬和城市群的经济效率，这就进一步导致城市人力资本积累能力的提高和新的实物资本的形成。而新的资本形成以后，又会进一步吸引城市群外劳动力不断迁入。这样，无论是城市群内劳动力从乡村迁入城市，还是从城市群外迁入城市群内，都通过迂回效应不断放大城市群内需求关联驱动经济增长的循环累积。

三、维娜布莱斯的投入—产出关联模型

维娜布莱斯的投入—产出关联模型认为可以通过实现或推动区域的一体化发展的动力机制来促进区域的经济增长，模型提出的协调机制包括提高城市和城市间的固定资产投资，提高基础设施完善水平，降低企业间的生产要素运输成本和

市场交易成本。Venables 提出的投入—产出关联模型与上面的要素流动驱动增长的模型具有明显差异，Venables 更加强调企业间生产要素投入产出的联动作用。Venables 的理论不但可以将投入、产出和需求联动的理论用于分析生产活动从农村转移到城市从而促进经济累积的过程，而且能够用于分析城市群地区的经济增长的机制机理。维娜布莱斯指出，在完全垄断竞争前提下，新的企业的迁入，不但能够提高上游产业产品的本地市场需求规模，而且能够降低下游产业产品的运输成本和运营成本，这种力量既可以使上游企业扩大生产规模，也可以显著提高下游企业的经济效益，规模的提升和效率的提高可以带动新企业的迁入。同理，新企业的迁入，就可以形成再一轮的经济联动效应，这样新企业的迁入将会给城市群经济带来累积性的发展，以及新的需求和人力资源的供给，最终形成产业集聚和城市群的发展，这种循环反馈的过程如图 3-1 所示。由此可知，在这两种模型的框架下，劳动力和生产活动的向内部流动以及城市群内部功能结构的优化升级，都是城市群驱动经济增长的动力机制，并能够有效地提高经济增长效率。因此，要实现城市群集聚推动经济增长需要从两个方面进行：一是提高研发创新

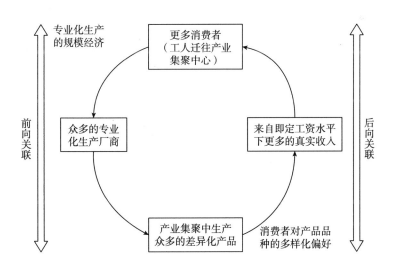

图 3-1 循环累积、规模经济与产业集聚形成

效率；二是改善城市群地区的投资效率。维娜布莱斯的投入—产出关联模型不仅解释了城市群产业集聚驱动经济增长的动力机制，还说明了企业迁入驱动城市群经济增长和效率提升的循环累积过程。

无论是蒲格的克鲁格曼—蒲格地理集聚模型，还是维娜布莱斯的投入—产出关联模型，集聚经济或规模经济所导致的规模报酬递增和生产效率改进都是驱动城市群经济发展的核心力量。

第三节　城市群经济增长与产业集聚的演化发展

一、城市群经济增长与产业集聚的演化特征

1. 复杂开放性

城市群中经济增长与产业集聚相互作用组成的系统不是一个孤立封闭的系统，而是一个结构错综复杂的开放型的巨系统。在城市群系统中，系统与子系统之间，各级子系统之间、城市之间、生产要素之间存在着非常复杂的相互作用关系，同时这种开发巨系统内部的城市之间和子系统之间，以及与外部环境之间进行着大量的物质、信息和能量流动和交流。按照耗散结构理论，城市群这一复杂系统需要外界环境的持续影响和作用，才能保证城市群系统的结构和功能保持平衡有序状态，这种平衡有序的系统演化过程也叫作城市群系统的"熵"最小化过程。因此，城市群经济增长与产业集聚及要素之间错综的相互作用使无数个经济活动的微观行为得到"协同"与"合作"，产生出宏观的"有序"，城市群系统内各个经济发展要素、产业发展要素、子系统要素的集合也就构成了城市群经济与产业集聚演化系统的结构与功能。

2. 空间层次性

城市群经济增长与产业集聚相互演化的空间层次性，明显地表现为城市群内

部各节点城市经济增长与产业集聚的地域分异性，这种空间差异与不同城市社会经济发展阶段与产业集聚发展水平密切相关，源于不同发展阶段对经济发展要求的迫切性和人类对城市经济增长质量的认识差异。同时，不同城市演化度的差异又影响到上一层次经济与产业集聚系统的协调发展度，下一层次的协调发展直接影响制约着上一层次的最高效率的实现。从空间相关的视角看，对其他区域的经济增长和产业集聚的协调融合发展进程也产生直接或间接的影响。

3. 动态演化性

城市群经济增长与产业集聚的相互关系是一个不断发展和演化的过程，在这个过程中，城市群经济增长与产业集聚之间的关系从不均衡状态向均衡状态发展，进而从一种均衡状态向另一种均衡状态演化。在这种"不均衡—均衡—另一种均衡"的演化过程中，城市群复合系统以及子系统的内部功能结构和空间格局都时刻发生着动态变化和改变。在任何时刻，经济增长与产业集聚两者之间的演化都是对前一时期产业集聚与经济增长不协调状态的优化调整，因此演化调整的过程是动态变化的，某一时期的协调关系可能在发展中变得不协调，需要再调整。同时，在产业集聚从初期发展至高级阶段的城市，经济增长与产业集聚之间都有可能达到协调均衡状态或者出现相同的效率值，但产业集聚的内涵却存在差异。

4. 整体最优性

城市群产业集聚对经济效率提高的最优性表现在两个方面：一是这种最优不是达到城市群产业或经济社会的最优发展，而是最大限度地发挥两者的相互促进作用，获得整体大于部分之和的合力效应，提高经济—产业融合发展的整体效率；二是单个城市经济—产业融合发展的优化不是最终发展的目标，而是追求不同节点城市之间最佳的组合形式，获得城市群整体经济—产业融合协调发展的最高经济效率。

二、城市群经济增长与产业集聚融合发展阶段分析

威廉姆森假说（Williamson Hypothesis）是指空间集聚在发展初期能显著促进

效率提升，但达到某一门槛值后，空间集聚对经济增长的影响变小，甚至不利于经济增长，拥挤外部性更倾向于分散的地理空间结构。根据威廉姆斯假说，产业集聚与经济增长效率之间存在着倒 U 形关系，因此可将城市群经济效率的提升分为两个阶段。第一阶段属于经济发展的早期阶段，由于信息、交通等基础设施较为缺乏、资本市场也很有限，这个时期的生产活动集聚明显促进了经济效率的提高。第二阶段，随着资本市场的不断扩张、基础设施的逐步改善，由"拥塞效应"引起的外部性慢慢也显现出来，即伴随经济发展水平发展到某一临界水平，集聚的效应由正转变为负。

在城市群产业集聚发展演化的影响下，区域经济增长效率的提升可表现为持续提高（正效应）和显著降低（负效应）两种类型。在产业集聚初期，产业集聚对区域经济增长效率的作用显著提升，但当产业集聚发展到 X_1 后，产业集聚的负外部性逐渐显现，对经济增长效率的作用出现拐点，如果城市群产业结构调整滞后，技术、制度等因素进步也停滞，产业集聚带来的拥堵效应显现，当经济规模达到一定规模水平后，突破了临界阈值，产业集聚对经济增长效率的作用将沿着 D_2 的发展轨迹发展。如若在到达峰值拐点时，城市群及时采取调整产业内部结构，新技术的应用提高产业生产效率或者找到新的产业支撑点，城市群的产业转型发展及时有效，则产业集聚对城市群的经济效率的作用将沿着 D_1 的发展轨迹发展（见图 3 - 2）。

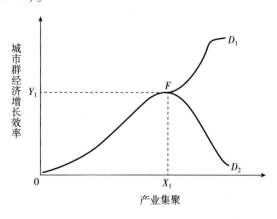

图 3 - 2　城市群产业集聚与经济增长效率演化规律

第四章　中国城市群绿色全要素生产率的测算及差异性

在新型城镇化背景下，我国城市建设和发展的重点任务是加强绿色城市建设，生产率分析方法被许多学者用来研究城市效率和城市化效率，鲜有学者研究城市群效率。本章将绿色城市发展理念和城市效率测算结合起来，用绿色全要素生产率来衡量我国城市群的发展质量，并进行城市群之间的差异性对比。

第一节　城市群绿色全要素生产率：测度方法、模型及指标变量选择

目前学术界主要有四种方法可以测算城市群全要素生产率：索洛余值法、随机前沿生产函数法（SFA）、指数法、数据包络分析法（DEA）。根据是否事先设定生产函数，又可以将全要素生产率的计算方法分为参数方法和非参数方法。上述四类方法中索洛余值法和随机前沿生产函数法为参数方法；指数法和数据包络分析法为非参数方法。不论用何种方法，测得的结果均为全要素生产率的增长率

或者变化率，要想得到某一单位或者某一时刻的绝对值，应当通过设定参照值（一般选定某年作为基期，例如基期 = 1）的方法进行转换。参数方法分析的前提是假设参数不变，对生产函数中所列的参数以及各参数的权重进行估计，属于静态研究法，中国经济发展变化剧烈，假设各期参数不变并不符合中国实际，相比较而言，数据包络分析法更加适合多投入和多产出的复杂生产系统的效率分析。因此本书采用动态非参数数据包络分析法来测算中国 21 个城市群的绿色全要素生产率及其变化。

一、测度方法及模型选择

数据包络分析法于 1978 年由美国著名的运筹学家 Charnes、Cooper 和 Rhodes 提出，是基于投入—产出方法对决策单元（DMU）的技术效率进行参照和比较的非参数分析方法。该方法的原理主要是利用数学规划的方法通过保持决策单元的输入或者输出不变来计算其有效的生产前沿面，然后把每个决策单元投影到生产前沿面上，综合评价决策单元和 DEA 前沿面相互偏离的相对有效性。评价效率运用传统的 DEA 方法时要求在规模报酬不变（Constant Returns to Scale，CRS）的情况下尽可能减少投入，或者在投入不变的情况下尽可能地增加产出。在处理非期望产出时传统的 DEA 方法并不适用。DEA 方法经过不断修正、改进，已衍生出上百种测度模型。

1. DEA – CCR 模型与 DEA – BCC 模型

1978 年，美国学者 Charnes 提出了 DEA 第一个重要的模型——CCR 模型，即假定在规模报酬不变的前提下，对决策单元之间的相对效率进行评价。所谓的规模报酬是指，假定在技术水平和要素价格不变的前提下，按照统一比例变动所有要素，产量（收益）变化的特征。当产量变动的比例大小与各种要素变动的比例大小相等时，即可认为规模报酬不变。

DEA – CCR 模型的公式为：

$$
\begin{cases}
\min\left(\theta - \varepsilon\left(\sum_{k=1}^{K} s^{-} + \sum_{l=1}^{L} s^{+}\right)\right) \\
\text{s. t.} \quad \sum_{m=1}^{M} x_{mk}\lambda_{m} + s^{-} = \theta x_{k}^{m}, \ k = 1,\ 2,\ 3,\ \cdots,\ K \\
\sum_{m=1}^{M} y_{ml}\lambda_{m} - s^{+} = y_{l}^{m}, \ l = 1,\ 2,\ 3,\ \cdots,\ L \\
s^{-},\ s^{+},\ \lambda_{m} \geqslant 0,\ m = 1,\ 2,\ 3,\ \cdots,\ M
\end{cases}
\tag{4-1}
$$

式中，ε 表示非阿基米德无穷小量，即小于任何正数但大于零；θ（$0 < \theta \leqslant 1$）表示城市群的综合经济效率变动指数；s^{-} 和 s^{+} 为松弛变量，在城市群经济效率达到 DEA 有效时，s^{-} 为需要减少的投入量，s^{+} 为需要增加的投入量；m（$m = 1,\ 2,\ 3,\ \cdots,\ M$）表示为城市群个数；$x_{mk}$ 指第 m 个城市群第 k 种要素的投入量；y_{ml} 指第 m 个城市群第 l 种要素产出量；λ_{m}（$\lambda_{m} \geqslant 0$）指权重变数，表达城市群规模收益特征。当 $\theta < 1$ 时，表示被评价城市群 m 效率无效；当 $\theta = 1$ 时，计算结果表明当前被评价单元 m 在最优生产前沿面上，即被评价城市群经济效率达到最优；当 $1 - \theta$ 越无限接近零时，则表示城市群 m 经济效率越趋于有效，反之亦然。

公式（4-1）的假定条件是规模报酬不变，因此该模型也叫规模报酬不变的 CCR 模型，简称 CRS 模型。随后 Banker 等（1984）将约束条件 $\sum_{m=1}^{M} \lambda_{m} = 1$ 引入公式（4-1）中，得到另一个 DEA 模型——BCC 模型（规模报酬可变，Variable Returns to Scale，VRS）。

DEA-BCC 模型的公式为：

$$
\begin{cases}
\min\left(\theta - \varepsilon\left(\sum_{k=1}^{K} s^{-} + \sum_{l=1}^{L} s^{+}\right)\right) \\
\text{s. t.} \quad \sum_{m=1}^{M} x_{mk}\lambda_{m} + s^{-} = \theta x_{k}^{m}, \ k = 1,\ 2,\ 3,\ \cdots,\ K \\
\sum_{m=1}^{M} y_{ml}\lambda_{m} - s^{+} = y_{l}^{m}, \ l = 1,\ 2,\ 3,\ \cdots,\ L \\
\sum_{m=1}^{M} \lambda_{m} = 1 \\
s^{-},\ s^{+},\ \lambda_{m} \geqslant 0,\ m = 1,\ 2,\ 3,\ \cdots,\ M
\end{cases}
\tag{4-2}
$$

公式（4-2）的假设条件是规模报酬是可变的，因此称 DEA - BBC 模型为规模报酬可变下的模型，也称为规模可变模型。城市群经济效率变动指数（Economic Efficiency Change，EECH）在规模可变模型中经过测算被分解为纯技术效率和规模效率的乘积，分别对应 PECH（Pure Efficiency Change）和 SECH（Scale Efficiency Change），即公式（4-1）与公式（4-2）中的 θ（$0 < \theta \leqslant 1$）可表达为：

$$\theta = \theta_{PE} \times \theta_{SE} \qquad\qquad (4-3)$$

在式（4-3）中，θ_{PE}（$0 < \theta_{PE} \leqslant 1$，$\theta_{PE} > \theta$）代表了城市群的纯技术效率，$\theta_{SE}$（$0 < \theta_{SE} \leqslant 1$，$\theta_{SE} > \theta$）代表了城市群的规模效率。如果 θ_{PE} 和 θ_{SE} 的取值为 1，则表明城市群的纯技术效率和规模效率分别达到最优状态；如果 θ_{PE} 和 θ_{SE} 的值越趋近于 1，则表明城市群的纯技术效率和规模效率越高。此外，如果 $\theta_{SE} < 1$，则表明被评价城市群规模效率为 0，其原因有可能是城市群的规模太大或者规模太小。因此，运行 VRS 模型的过程中，应首先区分城市群发展是处于规模报酬递增，还是规模报酬递减阶段。

规模可变模型中测算的城市群经济效率变动指数体现的是要素配置效率及城市群治理水平；纯技术效率指数体现了要素资源利用效率、纯技术效率的变化受管理体制等的影响。规模效率指数反映了城市群规模受生产力变化的影响。

评价决策单元间效率值以及生产率的测算，DEA 方法非常有效，DEA 方法已被应用于区域范围、产业生产率，甚至细化到某行业的效率。在该模型得到广泛应用的同时，相关学者也发现了该模型的不足之处，比如 Charnes 发现传统的 DEA 模型的前提假设条件建立在以最小的投入产生尽可能多的产出的基础之上，然而这一思想与现实产业生产情况是不一致的。在现实情况下，生产活动过程中有可能产生我们不希望产出的产品，这种产品我们可称为"非期望产出"。在具体的生产活动过程中，经济效率与非期望产出是负相关的，最佳的经济效率需要尽可能少的非期望产出，但是在传统的 DEA 模型评价过程中并没有对这一情况做出比较合理的判断和解读。

为了解决如何在 DEA 模型评价中体现经济效率的非期望产出，部分学者做出了一些有益的研究。比如 Fare 等（1989）提出了第一个处理非期望产出环境污染物的 DEA 模型，在此之后涌现出很多包含非期望产出的衡量全要素生产率效率的方法，现有的研究方法主要有曲线评价测度法、非期望产出作投入处理法、数据函数转换处理法、考虑松弛变量测度的 DEA – SBM（Slack – based Model）模型法等。

2. 基于非期望产出的 DEA – SBM 模型

DEA 模型有径向—角度、径向—非角度、非径向—角度、非径向—非角度四种类型。[①] 传统的 DEA 模型由于未能考虑到投入产出的松弛性问题，测量的结果也不精确，这部分属于径向和角度度量。Kaoru – Tone（2003）提出了改进传统评价模型的方法，他提出了非径向和非角度 DEA – SBM（Slack – based Model）模型。DEA – SBM 模型与传统的 DEA – CCR 和 DEA – BCC 模型的区别在于其以优化松弛变量纳入了目标函数之中，这一方法不但解开了在非期望产出下的效率评价问题，而且还解决了投入产出的松弛性难题。DEA – SBM 模型与其他模型相比，该模型更能体现效率评价的精髓，有效地解决了径向和角度差异产生的误差。由于在本章评价城市群经济效率过程中，选取的评价指标涵盖了非期望产出指标，故采用 SBM 模型处理。

假定有 n 个独立的决策单元（DMU）[②] 存在于生产系统，每个 DMU 消耗的投入要素 X_{ij}（$i = 1$，2，$\cdots$，m）数量为 m，并且有 s_1 个好产出（期望产出[③]）Y^g 和 s_2 个坏产出（非期望产出[④]）Y^b，并将投入、好产出和坏产出这三个向量分别表示为 $x \in R^m$、$y^g \in R^{s_1}$、$y^b \in R^{s_2}$，则可以将三个矩阵 X、Y^g、Y^b 进行如下定义：

$$X = [x_1, \cdots, x_n] \in R^{m \times n} > 0 \qquad (4-4)$$

$$Y^g = [y_1^g, \cdots, y_n^g] \in R^{s_1 \times n} > 0 \qquad (4-5)$$

---

① 角度指投入或产出角度，径向指投入产出等比例放大或缩小进而达到有效（成刚，2014）。

② 决策单元是进行效率评价的对象，是有相同目标的同类型运营单位或组织，本书中指各个城市群。

③ 本书中的期望产出为"好产出"，指 GDP。

④ 本书中的非期望产出为"坏产出"，指环境污染。

$$Y^b = [y_1^b, \cdots, y_n^b] \in R^{s_2 \times n} > 0 \qquad (4-6)$$

假设规模报酬不变，那么生产可能性集可以表示为：

$$P(x) = \{(x, y^g, y^b) \mid x \geq X\lambda, \ y^g \leq Y^g\lambda, \ y^b \leq Y^b\lambda, \ \lambda \geq 0\} \qquad (4-7)$$

式（4-7）中 λ 表示权重向量。因此，对于 DMU_0（x_0, y_0^g, y_0^b），如果不存在向量（x, y^g, y^b）$\in P$ 使 $x_0 \geq x$, $y_0^g \leq y^g$, $y_0^b \geq y^b$，且至少有一个严格不等的算式，若 DMU_0（x_0, y_0^g, y_0^b）被评价为是有效率的，则其必定处于前沿面上。

根据托恩（Tone，2004）的方法，处理"坏产出"的 DEA - SBM 模型写成规划的形式：

$$\rho^* = \min \frac{1 - \dfrac{1}{m}\sum_{i=1}^{m}\dfrac{s_i^-}{x_{i0}}}{1 + \dfrac{1}{s_1 + s_2}\left[\sum_{r=1}^{s_1}\dfrac{s_r^g}{y_{r0}^g} + \sum_{r=1}^{s_2}\dfrac{s_r^b}{y_{r0}^b}\right]} \qquad (4-8)$$

$$\text{s. t.} \begin{cases} 1 = t + \dfrac{1}{s_1 + s_2}\left(\sum_{r=1}^{s_1}\dfrac{s_r^g}{y_{r0}^g} + \sum_{r=1}^{s_2}\dfrac{s_r^b}{y_{r0}^b}\right) \\ x_0 t = X\Lambda + S^- \\ y_0^g t = Y^g\Lambda - S^g \\ y_0^b t = Y^b\Lambda + S^b \\ S^-, \ S^g, \ S^b, \ \Lambda, \ t \geq 0 \end{cases} \qquad (4-9)$$

其中，s 表示松弛变量，x 表示投入，y^g 表示期望产出，u^b 表示非期望产出，λ 为权重向量，ρ^* 是目标函数并且是 s^-、s^g 和 s^b 的严格单调递函数，且 $0 \leq \rho^* \leq 1$。对于任意决策单元来说其有效性的等价条件是 $\rho^* = 1$，即 $s^- = s^g = s^b = 0$。若 $\rho^* < 1$，说明该决策单元无效，需要在投入要素和产出要素方面进行修正。ρ^* 代表着经济效率，其值的大小与城市群经济效率呈正相关。

公式（4-9）是一个非线性规划，不利于效率求解的计算。利用 Charnes（1962）的处理办法，通过 C^2 将其转化为线性规划形式：

$$\tau^* = \min\left(t - \dfrac{1}{m}\sum_{i=1}^{m}\dfrac{S_i^-}{x_{i0}}\right)$$

$$\text{s. t.}\begin{cases} 1 = t + \dfrac{1}{s_1 + s_2}\left(\displaystyle\sum_{r=1}^{s_1} \dfrac{s_r^g}{y_{r0}^g} + \displaystyle\sum_{r=1}^{s_2} \dfrac{s_r^b}{y_{r0}^b} \right) \\[2ex] x_0 t = X\Lambda + S^- \\[1ex] y_0^g t = Y^g \Lambda - S^g \\[1ex] y_0^b t = Y^b \Lambda + S^b \\[1ex] S^-,\ S^g,\ S^b,\ \Lambda,\ t \geqslant 0 \end{cases} \qquad (4-10)$$

公式（4-10）的最优解为（t^*, Λ^*, S^{-*}, S^{g*}, S^{b*}），那么对应的最优解为：$\rho^* = \tau^*$，$\lambda^* = \Lambda^*/t^*$，$s^{-*} = S^{-*}/t^*$，$s^{g*} = S^{g*}/t^*$，$s^{b*} = S^{b*}/t^*$。目标函数$\tau^*$的值一定不小于1，且$\tau^*$越大表明该单元越有效率。若放松规模报酬不变的假设，需要引入约束条件：$L \leqslant e\lambda \leqslant U$。其中，$e = (1, \cdots, 1) \in R^n$，$L$（$\leqslant$ 1）和 U（$\geqslant 1$）分别是权重向量λ的上界和下界。（$L=1$, $U=1$）表示规模报酬可变，（$L=0$, $U=1$）表示规模报酬递减，（$L=1$, $U=\infty$）表示规模报酬递增。在式4-10中对期望产出和非期望产出的权重赋值的话，式（4-10）可以修正为：

$$\rho^* = \min \frac{1 - \dfrac{1}{m}\displaystyle\sum_{i=1}^{m} \dfrac{w_i^- s_i^-}{x_{i0}}}{1 + \dfrac{1}{s_1 + s_2}\left(\displaystyle\sum_{r=1}^{s_1} \dfrac{w_r^g s_r^g}{y_{r0}^g} + \displaystyle\sum_{r=1}^{s_2} \dfrac{w_r^b s_r^b}{y_{r0}^b} \right)} \qquad (4-11)$$

式（4-11）中，w_i^-、w_r^g 和 w_r^b 分别表示投入要素 i、好产出 r 和坏产出 r 的权重。可以推出：

$$\sum_{i=1}^{m} w_i^- = m,\ w_i^- \geqslant 0\,(\forall i),\ \sum_{r=1}^{s_1} w_r^g + \sum_{r=1}^{s_2} w_r^b = s_1 + s_2,\ w_r^g \geqslant 0\,(\forall r),\ w_r^b \geqslant$$
$$0\,(\forall r) \qquad\qquad\qquad (4-12)$$

本书运用在规模报酬可变的数据包络模型测算中国城市群的绿色经济效率。根据 Cooper 等（2007）的方法为期望产出和非期望产出赋予同样的比重，认为两者在生产活动中一样重要。

3. Global Malmquist - Luenberger 生产率指数法

Malmquist 指数（Malmquist，1953）是测算全要素生产率的方法，它主要运用衡量经济效率的距离函数的比值来反映动态变化。传统的 Malmquist 生产率指数模型能够分解全要素生产率的变化，一部分为技术效率变化（纯技术效率变化与规模效率的乘积），另一部分为技术进步。这一动态测度与单纯的截面数据规模报酬可变情况下的静态效率相比，能解释城市群绿色全要素生产率在剔除技术进步之后的累积变动。传统的 Malmquist – Luenberger（ML）生产率指数（以下简称 ML 指数）通常使用不满足传递性的几何平均形式测算生产率，导致其测算的结果不具有循环累积性，只能进行相邻期间生产效率的短期变动分析，尤其不适合时间较长的效率变化测算，规划无解的情况经常出现在使用不同参照面的情况下。ML 指数测算包含"坏"产出的效率，例如当包含环境等指标作为产出指标的效率评价时通常会得出长期的技术退步的结果，这些因素会造成估算结果出现偏差而误导决策者制定治理或者发展政策。与传统指数相比，ML 指数能够计算非期望产出存在时的生产率变化；全局 Malmquist – Luenberger（GML）可以避免平均形式、线性规划无解、不可传递性等劣势。因此，本章使用 Oh 于 2010 年测度 26 个 OECD 国家的全要素生产率时提出的一种新的技术集——全域生产可能性集合，即全局 ML 生产率指数。

鉴于传统 Malmquist 指数的缺陷，本书尝试用 GML 对中国 21 个城市群 11 年的绿色全要素生产率的动态变化进行测度，图 4 – 1 给出了 GML 生产率指数在测

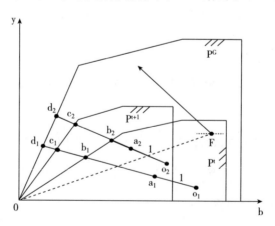

图 4 – 1　GML 生产率指数测算的几何模型

算时所构建的生产可能性集，即生产技术前沿面。P^t、P^{t+1} 和 P^G 分别表示第 t 期、第 $t+1$ 期和全局的生产可能性集。GML 生产率指数定义如下：

$$GML^{t,t+1}(x^t,\ y^t,\ b^t,\ x^{t+1},\ y^{t+1},\ b^{t+1}) = \frac{1+D^G(x^t,\ y^t,\ b^t)}{1+D^G(x^{t+1},\ y^{t+1},\ b^{t+1})}$$

其中，$D^G(x,\ y,\ b)$ 为定义在全局生产可能性集上的方向性距离函数。如果一个决策单元实现了期望产出的增加或非期望产出的减少，或者两者同时实现，则 $GML^{t,t+1}>1$，表示生产率提高，反之则表示降低。GML 生产率指数同样可以进行进一步分解：

$$GML^{t,t+1}(x^t,\ y^t,\ b^t,\ x^{t+1},\ y^{t+1},\ b^{t+1}) = \frac{1+D^G(x^t,\ y^t,\ b^t)}{1+D^G(x^{t+1},\ y^{t+1},\ b^{t+1})}$$

$$=\frac{1+D^t(x^t,\ y^t,\ b^t)}{1+D^{t+1}(x^{t+1},\ y^{t+1},\ b^{t+1})}\times\left\{\frac{[1+D^G(x^t,\ y^t,\ b^t)]/[1+D^t(x^t,\ y^t,\ b^t)]}{[1+D^G(x^{t+1},\ y^{t+1},\ b^{t+1})]/[1+D^{t+1}(x^{t+1},\ y^{t+1},\ b^{t+1})]}\right\}$$

$$=\frac{GTE^{t+1}}{GTE^t}\times\frac{TCG_{t+1}^{t,t+1}}{TCG_t^{t,t+1}}=GEC^{t,t+1}\times GTC^{t,t+1}$$

其中，$EC^{t,t+1}$ 表示 t 期到 $t+1$ 期的技术效率变化（Technology Efficiency Change），其大于 1 表示效率改进，小于 1 表示效率降低。$GTC^{t,t+1}$ 为 t 期到 $t+1$ 期的技术进步（Technology Change）。根据图 4 – 1，可以给出它们的几何表示。假设某个 DMU 在 t 期和 $t+1$ 期的投入产出分别处于点 a_1 和 a_2 的位置，则有：$TE^t = 1/(1+D^t(x^t,\ y^t,\ b^t)) = 1/(1+a_1b_1) = 1/o_1b_1$，其中 o_1 为第 t 时期的一个虚拟起点。同理，第 $t+1$ 时期为 $TE^{t+1}=1/o_2c_2$。因此，效率变化 $EC^{t,t+1}$ 衡量的是一个 DMU 从当期到下一时期与各自技术前沿面距离的变化，等于 o_1b_1/o_2c_2。

$TCG_t^{t,t+1}$ 表示为：$TCG_t^{t,t+1}=1/\left(\frac{1+D^G(x^t,\ y^t,\ b^t)}{1+D^t(x^t,\ y^t,\ b^t)}\right)=1/\left(\frac{o_1d_1}{o_1b_1}\right)=\frac{o_1b_1}{o_1d_1}$。可见，$TCG_t^{t,t+1}$ 表示的是沿着方向 $(y^t,\ b^t)$ 的当期技术前沿与全局技术前沿的距离，$TCG_{t+1}^{t,t+1}$ 因而可以表示为 o_2c_2/o_2d_2。$GTC^{t,t+1}$ 为两个时期的 TCG 比率，衡量的是在增加期望产出、降低非期望产出的方向上，本期技术前沿相对于上一期来说，更加靠近全局技术前沿的移动度变化，即技术进步率。

此外，还可以比较 GML 生产率指数与 ML 生产率指数构造上的差异。ML 生产率指数在测算技术进步时，表示为 $TC^{t,t+1} = [TG_t^{t,t+1} \cdot TG_{t+1}^{t,t+1}]^{1/2}$。其中，$TG$ 为两个时期的相对技术差距（Technology Gap），用图 4-1 的几何表示，即第 t 期的

$$TG_t^{t,t+1} = \frac{1 + D^{t+1}(x^t, y^t, b^t)}{1 + D^t(x^t, y^t, b^t)} = \frac{1 + a_1 c_1}{1 + a_1 b_1} = \frac{o_1 c_1}{o_1 b_1}，\text{第 } t+1 \text{ 期的 } TG_{t+1}^{t,t+1} = o_2 c_2 / o_2 b_2。$$

因此，ML 生产率指数在测算技术进步变化时是以下一期生产前沿面为参考，衡量本期生产前沿面向下期生产前沿面的移动度。因而，随着生产前沿面向内移动，"技术倒退"的现象就可能出现，甚至会由于找不到参考前沿面而无法求解，例如图 4-1 中的生产点 F 即为无解。

二、研究对象与数据来源

鉴于数据的可得性和可比性，本书选取 2003～2013 年中国五大国家级城市群（长三角城市群、珠三城市群、京津冀城市群、长江中游城市群①、成渝城市群），八大区域性城市群②（辽中南城市群、海西城市群、中原城市群、山东半岛城市群、哈长城市群、关中—天水城市群、江淮城市群、北部湾城市群）和六大地区性城市群（呼包鄂榆城市群、晋中城市群、宁夏沿黄城市群、兰西城市群、滇中城市群、黔中城市群），共 21 个城市群 11 年的面板数据为样本计算得出绿色全要素生产率，其中各城市群具体的空间范围见表 1-1。采用的数据主要来源于 2004～2014 年的《中国城市统计年鉴》、中国统计出版社出版的《中国统计年鉴》（2004～2014）及省（自治区、直辖市）的统计年鉴、第六次全国人口普查数据、《中国县（市）社会经济统计年鉴》以及中国计划出版社 2004～2014 年出版的《中国城市建设统计年鉴》。如果数据有缺失，则在处理时用前后两年取平均值来替代，个别城市关于环境的指标缺失严重，使得效率测算时间不长，但其对本书所用模型影响不大。

---

① 其中，长江中游城市群包含武汉城市群、环长株潭城市群、环鄱阳湖城市群三大城市群，因长江中游城市群中各城市群经济联系不够，因此本书仍然将长江中游城市群分为三大城市群进行效率测度。

② 限于数据可得性，九大区域性城市群中的天山北坡城市群未被列入本书研究范围。

三、城市群绿色全要素生产率测度

现代西方经济学理论在效率评价中主要选取资本存量、劳动力投入以及地区生产总值等指标，衡量效率高低主要标准是尽可能希望用最小的投入得到尽量多的产出。换句话讲，学者们期待此类指标投入尽可能少，而产出尽可能多。本书把上述指标称作"期望"的投入产出指标。在实际生产过程中，在获得人们期望的"好"产出之外，也会产生某些大家都不想要的"坏"产出，就是对经济的发展起到了反作用的非期望产出（程丹润，2008），比如环境残余物中的废气以及废水、废渣等。对于有效率的生产活动而言，应尽可能使这些环境残余物产出最小化，即非期望产出必须尽可能小，才能实现更优的经济效率。

本书选取了中国21个城市群169个地级以上城市、地州2003～2013年共11年的年度数据，计算绿色经济效率，通常以建成区面积来代表自然要素投入、以劳动力投入和资本存量的投入来代表非资源投入要素、以工业用电量来代表能源要素投入、以地区生产总值来代表期望产出、以工业"三废"代表非期望产出。其中，选取城市群历年年末从业人员数表示人力要素投入；选取城市群建成区土地面积表示自然要素投入，这是因为城市经济活动主要以土地为载体，在我国土地资源稀缺的情况下，本书把城市群建成区土地面积作为自然要素投入指标，既可以充分反映城市经济活动中独特的约束条件，又可以充分展示不同城市群在土地资源禀赋方面的差异和优劣势。由于城市群产出并不直接取决于当期的资本投入，因此选取城市群固定资产投资总额扣除折旧之后的固定资产存量表示资产要素投入指标；城市群是城市集聚并且经济活动密集的地方，选取工业用电量作为能源要素投入的代理变量。出于数据的可得性，选取城市群GDP，并进行相应的平滑处理来表征期望产出指标；选取城市群工业废水排放量、工业二氧化硫排放量、工业烟尘排放量表征非期望产出。

考虑到数据指标的可获取性和代表性，本书选取人力要素、资本要素、自然要素、能源要素作为投入指标，以城市群地区生产总值作为期望产出，以污染排放为非期望产出，构建中国城市群绿色全要素生产率评价指标体系（见表 4 – 1）。

表 4 – 1　中国城市绿色经济效率评价指标体系

指标类型	一级指标	二级指标
投入指标	人力要素投入	城市群历年年末从业人员数
	资本要素投入	城市群全社会固定资本存量
	自然要素投入	城市群建成区土地面积
	能源要素投入	工业用电量
产出指标	期望产出	城市群地区生产总值
	非期望产出	工业废水排放量、工业二氧化硫排放量、工业烟尘排放量

考虑到我国经济分布的差异性问题，作为区域经济核心的市辖区占区域总的经济总量比重较大，基本上可代表该区域基本情况，因此，在数据选择上，本书选择城市群下辖的地级市的市辖区数据进行加总，以城市群作为决策单元进行评价。[①] 根据前文，计算城市群绿色全要素生产率（GTFP）需要以下四类指标：

1. 投入指标

（1）固定资本存量（K）。固定资产投资在国民经济和地区经济发展中非常重要，扣除折旧等之后的资本存量是生产函数中产出形成的来源之一。本书对中国城市群的资本存量进行估算时采用 Gold – Smith（1951）提出的"永续盘存法"，计算公式为：

$$K_{it} = I_{it}/P_{it} + (1 - \delta)K_{it-1}, \quad t = 2003, 2004, \cdots, 2013 \qquad (4 - 13)$$

式（4 – 13）中，K_{it} 是指第 i 个城市群第 t（$t = 2003$，2004，$\cdots$，2013）年

---

① 本书共选取中国 21 个城市群，由于个别城市群内地级市及以上城市数据的可得性，并未涵盖全部的可研究范围，但已具有足够的一般性。所选取的 21 个城市群具体名称以及包含的城市详细见第二章研究范围中的内容。

的资本存量，K_{it-1} 表示第 i 个城市群第 $t-1$ 年城市资本存量，I_{it} 表示 t 时期 i 城市群的固定资产投资额，P_{it} 为以 2003 年作为基期计算的全社会固定资产投资价格指数，δ 表示折旧率。对于基年资本存量，采用 Young（2000）的研究方法，即初始资本存量是用基年固定资产投资额除以 10% 得到的。对于资本折旧率的选择，不同学者估算时采取的值不同，单豪杰（2008）选用 10.96% 来分省估算，张军等（2004）设定 9.6% 估算我国省际资本存量，Hall 等（1999）采用 6% 作为折旧率来模拟世界 127 个国家资本存量。经过比较分析，本书采用张军等（2004）设定的 9.6% 作为折旧率，对 2004～2013 年的名义固定资产投资使用全社会固定资产投资价格指数进行折实换算。目前，我国统计口径不涉及市级的固定资产投资价格指数，故我们用城市群里城市所在省份固定资产投资价格指数进行替代，如遇到所在城市居于不同省份，则采用多个省份固定资产投资价格指数的算术平均值进行折算。

（2）劳动力投入（L）。国外学者通常用工作时间（小时数）来衡量劳动力投入，而我国的统计口径中没有这一指标，借鉴国内学者已有的研究的做法，本书选取在我国 2003～2013 年加总各城市的历年社会从业人数来作为城市群劳动力的投入变量。

2. 产出指标——"好产出"和"坏产出"

（1）期望的"好产出"。期望的"好产出"是指经济活动中符合生产者目的的有效产出。大多数文献选取地区生产总值作为产出指标，本书选取城市群地区生产总值作为期望产出。值得注意的是，城市群的产出水平并不是直接取决于当期的投资，应按照各城市的不变价国民生产总值指数，将历年城市群生产总值折算成以 2003 年为基期的不变价水平。

（2）非期望的"坏产出"。非期望的"坏产出"是指经济活动带来的负的外部性（岳书敬等，2015）。考虑到环境污染的复杂性，本书选取工业废水排放量、工业烟尘排放量、工业二氧化硫排放量作为各城市群的非期望产出，表示污染物排放对城市水资源以及能源的利用所产生的压力。

由于缺少具体城市经济数据的缩减指数，为了真实反映城市群期望产出水平，本书利用各城市群所在省区的 GDP 缩减指数（以 2003 年为基期）对 2004 ~ 2013 年的名义 GDP 进行平滑，得到各城市群的实际 GDP，使各城市群的 GDP 具有可比性。GDP 缩减指数的计算表达式为：

$$GDP_d = \frac{GDP_t / GDP_{2003}}{R_t}, \quad t = 2004, \ 2005, \ \cdots, \ 2013 \qquad (4-14)$$

式（4-14）中，GDP_d 表示 GDP 缩减指数；GDP_t 表示第 t（$t = 2004$, 2005, $\cdots$, 2013）期 GDP；GDP_{2003} 表示以 2003 年 GDP 不变价格为基期；R_t 表示 2003 年至第 t 期 GDP 增长指数。

由于效率分析要求投入产出指标总数小于或等于 1/3 个 DUM（决策单元）（张俊容等，2004；胡同宇等，2008；成刚，2014），根据这一原则，本书的投入产出指标数最多 7 个，而非期望产出指标包含多个不同度量单位的二级指标，因而需要标准化以消除量纲差异，并将消除量纲后的相应二级指标进行求得均值合并成一个非期望产出指标再进行效率评价。需要注意的是，传统 DEA 将产出指标处理的时候有时需要逆向处理，而用 SBM 方法处理非期望产出时只需要消除量纲差异，并不需要将指标逆向处理。在此，本书采用"无量纲化"处理办法（韩胜娟，2008），将非期望产出指标的二级指标合并为一个指标，计算公式为：

$$\delta_{k,t} = \frac{v_{k,t} - v_{\min,t}}{v_{\max,t} - v_{\min,t}}, \quad (k = 1, \ 2, \ 3, \ \cdots, \ 21; \ t = 2003, \ 2004, \ \cdots, \ 2013)$$

$$(4-15)$$

式（4-15）中，$\delta_{k,t}$（$0 \leqslant \delta_{k,t} \leqslant 1$）表示第 k 个城市群第 t 年产出剔除量纲差异后的指标值；$v_{k,t}$ 为第 k 个城市群第 t 年产出指标数值；$v_{\max,t}$，$v_{\min,t}$ 分别为第 t 年中国 21 个城市群中产出指标的最大值和最小值。

第二节 中国城市群绿色经济效率的现状特点

利用 MaxDEA 软件中的 SBM 模型输入 2003～2013 年中国 21 个城市群投入产出数据，计算得出各城市群绿色全要素生产率变动指数、绿色技术效率变化指数、纯技术效率变动指数、规模效率变动指数、技术变化和全要素生产率指数等。经济效率变动指数表示城市要素资源的配置、利用水平以及城市规模集聚水平的总体变化；规模效率变动指数表示城市规模集聚水平的变化；纯技术效率变动指数则表示城市要素资源的配置、利用水平变化；技术变化指数表示城市生产技术变化情况，它的值大于 1 表示技术进步，等于 1 表示技术无变化，小于 1 表示技术退步。

一、城市群绿色经济效率总体特点

从总体上看，目前中国城市群绿色技术效率水平不高，部分效率指标得分较低（见表 4 - 2）。考虑了污染物排放这种"坏产出"之后计算的中国 21 个城市群的绿色技术效率均低于不考虑环境约束的传统技术效率值，说明中国城市群整体资源环境承载能力较差。

表 4 - 2 2013 年中国城市群绿色经济效率计算结果

城市群	绿色技术效率	绿色纯技术效率	绿色规模效率
长三角	1.000	1.000	1.000
珠三角	0.712	1.000	0.712
京津冀	0.604	0.770	0.784
武汉	0.722	0.733	0.985

续表

城市群	绿色技术效率	绿色纯技术效率	绿色规模效率
长株潭	0.751	0.792	0.948
环鄱阳湖	0.614	0.688	0.893
成渝	0.572	0.710	0.807
海峡西岸	1.000	1.000	1.000
辽中南	0.831	0.850	0.977
山东半岛	1.000	1.000	1.000
中原	0.593	0.622	0.953
关中—天水	0.546	0.624	0.875
哈长	1.000	1.000	1.000
江淮	0.542	0.601	0.902
北部湾	1.000	1.000	1.000
呼包鄂榆	0.611	0.844	0.724
晋中	0.424	0.598	0.708
宁夏沿黄	0.266	0.740	0.360
兰州—西宁	0.392	0.666	0.588
黔中	0.534	1.000	0.534
滇中	0.597	0.758	0.788
平均值	0.646	0.795	0.812

1. 绿色技术效率

2013 年中国 21 个城市群绿色技术效率平均值为 0.646，即达到最优水平的 64.3%。长三角、海峡西岸、山东半岛、哈长、北部湾 5 个城市群的绿色技术效率均为 1，达到了 DEA 最有效水平，占城市群总数的 23.8%。剩余 16 个城市群的绿色技术效率有效性差距较大，其中有效性在 0.8~1 的有 1 个，为辽中南城市群，占城市群总数的 4.8%；有效性为 0.7~0.8 的有 3 个，占城市群总数的 14.3%；有效性为 0.5~0.7 的有 9 个，占城市群总数的 42.9%。

2. 绿色纯技术效率水平

2013 年中国 21 个城市群纯技术效率平均值为 0.795，即达到最优水平的 79.5%。除了前述 5 个绿色技术效率已达到最优水平的城市集群外，珠三角城市群和黔中城市群的绿色纯技术效率也达到了最优。总的来说，21 个城市群中，有 7 个城市群绿色纯技术效率达到 DEA 最优，多于绿色技术效率最优的 5 个城市群，占到城市群总数的 33.3%。其余 14 个城市群的绿色纯技术效率水平为 0.5~0.9，其中，分别有 6 个和 8 个城市群的有效性分别为 0.5~0.7、0.7~0.9。

3. 绿色规模效率

2013 年，中国 21 个城市群的绿色规模效率值的平均值达到了 0.812，即达到最好水平的 81.2%。除宁夏沿黄城市群外，其他 20 个城市群绿色规模效率全部超出了 40% 的临界值。但是，绿色规模效率达到最优水平的城市群数量减少为 5 个，占城市群总数的 23.8%，由此看来我国城市群绿色规模效率不高。有效性为 0.8~0.9 的有 3 个，占城市群总数的 14.3%；有效性为 0.9~1 的有 8 个，占城市群总数的 38.1%。其中，造成京津冀城市群、长三角城市群和成渝城市群三大城市群绿色规模效率非有效的主要因素是规模报酬递减，这也暗示这三个城市群亟须通过产业转型升级实现经济转型。相对而言，由于基础较为落后的城市群在发展过程中需要大量的建设投入，比如晋中、呼包鄂榆城市群呈现出规模报酬递增的发展态势。

从横向对比的角度来看，2013 年中国 21 个城市群的绿色纯技术效率与绿色经济效率之间拟合度相对较高，而绿色规模效率与绿色经济效率之间的拟合度偏低（见图 4-2）。由此来看，可以说明两个问题：首先，中国城市群绿色经济效率不高主要是因为绿色纯技术效率低下造成的，同时也意味着绿色纯技术效率存在进一步提升的空间；其次，中国目前城市群的规模水平相对而言比较适度，这不但有利于减少交易成本，而且还有利于城市群内部资源的合理配置，进而促进绿色经济效率的提高。

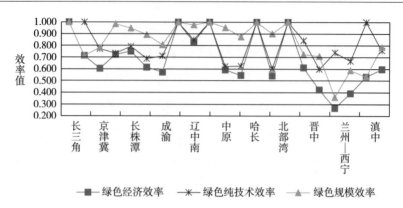

图4-2　2013年中国城市群绿色经济效率对比

二、城市群绿色经济效率的空间分异特点

按照我国区域总体规划并参考方创琳（2010）对城市群的划分，把将21个城市群划分为东部城市群、中部城市群和西部城市群。东部地区城市群包括长三角、珠三角、京津冀、海峡西岸、辽中南、山东半岛6个城市群；中部地区城市群包括武汉、环长株潭、环鄱阳湖、中原、哈长、江淮、晋中7个城市群；西部地区城市群包括成渝、关中—天水、北部湾、呼包鄂榆、宁夏沿黄、兰州—西宁、黔中、滇中8个城市群。

整体而言，东部城市群平均绿色经济效率有效性为85.8%，中部为66.4%，西部为56.5%（见表4-3）。2013年，中国共有5个城市群的绿色经济效率达到了有效性，其中东部3个，分别为长三角、海西和山东半岛城市群；中部1个，为哈长城市群；西部1个，为北部湾城市群。从城市群分布来看，绿色纯技术效率小于80%的，东部只有京津冀城市群，中部地区除了哈长城市群，其他城市群全部低于80%，而西部除了北部湾、黔中和呼包鄂榆城市群，其他5个城市群全部低于80%，总体上该类城市群分别占东中西全部城市群总量的16.7%、85.7%和62.5%。在绿色规模效率的有效性上，总体呈现出"两高一低"的空间格局，东部和中部城市群的绿色规模效率分别达到了91.2%和91.3%的有效性，而西部地区仅为71%。

表4-3 2013年中国东、中、西部城市群平均绿色经济效率

地域	绿色经济效率	绿色纯技术效率	绿色规模效率
东部地区	0.858	0.937	0.912
中部地区	0.664	0.719	0.913
西部地区	0.565	0.793	0.710

东、中、西部三大地区城市群的平均经济效率计算结果与现实中的发展情况一致，2013年中国21个城市群平均经济效率存在"东高西低"的格局。其中，东部地区的城市群无论是绿色纯技术效率，还是绿色经济效率、绿色规模效率，其有效性都明显优于中部和西部地区。在绿色规模效率有效性相近的前提下，东、中部地区城市群平均效率水平的差异主要归因于绿色纯技术效率水平的高低；中、西部城市群绿色经济效率水平的差异主要是由于西部城市群的绿色规模效率远远低于中部城市群的绿色规模效率。东部和西部城市群绿色经济效率的差异主要是由于西部城市绿色纯技术效率和绿色规模效率均低于东部城市群。值得关注的是，中部地区城市群绿色纯技术效率反而低于西部地区城市群的绿色纯技术效率，这说明中部地区城市群提高绿色技术效率是实现经济效率的主要手段。

第三节 城市群绿色经济效率时空演化

为了反映中国21个城市群绿色经济效率时空演化模式，在不考虑和考虑环境污染两种不同的情形下，本书基于方向性距离函数的全局 Global Malmquist – Luenberger（GML）指数测算了2003～2013年各城市群的绿色全要素生产率（Green Total Factor Productivity，GTFP），并将其分解为绿色经济效率变动

（Green Efficiency Change，GECH）、绿色纯技术效率变动（Green Pure Efficiency Change，GECH）、绿色规模效率变动（Green Scale Efficiency Change，GSCH）、绿色技术进步（Green Technological Change，GTCH）。

一、城市群绿色经济效率时间截面对比分析

将2003～2013年中国21个城市群不考虑环境污染的传统经济效率和考虑环境污染的绿色经济效率进行对比（见表4-4），可以看出：①考虑了环境污染因素后计算所得的我国城市群的绿色经济效率都低于传统经济效率值，进一步验证了在衡量经济效率的时候，资源、环境因素已经不能排除在衡量标准之外了。②随着时间的推移，我国经济发展水平不断提高，城市群绿色经济效率达到有效前沿的城市群有长三角城市群、珠三角城市群、海峡西岸城市群、山东半岛城市群、哈长城市群、北部湾城市群、黔中城市群，仅7个城市群的绿色经济效率达到了最优，说明其余14个城市群的绿色经济效率在未来发展中均有很大的提升空间。

表4-4 中国21大城市群绿色经济效率与传统经济效率测算结果对比

年份\城市群	考虑非期望产出效率值				不考虑非期望产出的效率值			
	2003	2008	2013	平均	2003	2008	2013	平均
长三角	0.568	0.840	1.000	0.806	0.654	0.904	1.000	0.854
珠三角	0.478	0.670	1.000	0.673	0.593	0.834	1.000	0.796
京津冀	0.337	0.513	0.770	0.504	0.369	0.577	0.875	0.565
武汉	0.516	0.591	0.733	0.606	0.576	0.655	0.815	0.667
长株潭	0.573	0.662	0.792	0.676	0.602	0.745	0.885	0.746
环鄱阳湖	0.563	0.635	0.688	0.622	0.666	0.696	0.721	0.692
成渝	0.445	0.544	0.710	0.553	0.512	0.645	0.918	0.651
海峡西岸	0.736	0.829	1.000	0.829	0.821	0.885	1.000	0.885
辽中南	0.450	0.613	0.850	0.623	0.559	0.758	0.968	0.750

续表

年份 城市群	考虑非期望产出效率值				不考虑非期望产出的效率值			
	2003	2008	2013	平均	2003	2008	2013	平均
山东半岛	0.529	0.662	1.000	0.702	0.643	0.821	1.000	0.817
中原	0.511	0.555	0.622	0.568	0.582	0.700	0.766	0.683
关中—天水	0.497	0.533	0.624	0.533	0.588	0.574	0.661	0.582
哈长	0.486	0.639	1.000	0.666	0.593	0.747	1.000	0.754
江淮	0.547	0.591	0.601	0.587	0.601	0.722	0.688	0.686
北部湾	1.000	1.000	1.000	0.960	1.000	0.981	1.000	0.985
呼包鄂榆	0.630	0.827	0.844	0.810	0.780	0.915	0.939	0.909
晋中	0.572	0.574	0.598	0.584	0.799	0.729	0.710	0.738
宁夏沿黄	1.000	1.000	0.740	0.973	1.000	1.000	0.890	0.989
兰州—西宁	0.659	0.619	0.666	0.637	0.853	0.812	0.807	0.810
黔中	0.762	0.770	1.000	0.779	0.942	0.865	1.000	0.867
滇中	1.000	0.752	0.758	0.806	1.000	0.871	0.819	0.889
平均	0.588	0.674	0.795	0.646	0.680	0.774	0.871	0.768

注：考虑非期望产出效率值为城市群绿色经济效率值，不考虑非期望产出的效率值为城市群传统经济效率值。

二、城市群绿色经济效率历时变动分析

计算结果显示，2003～2013 年，中国城市群绿色全要素生产率的变动情况如下：绿色技术效率变化在 2006～2008 年显著降低，主要是由于绿色纯技术效率变化显著降低所致，与此同时，绿色规模效率变化也明显降低；绿色全要素生产率在 2003～2013 年虽然呈现出波动式的上升与下降相互交替的趋势，但总体呈现出增长趋势，说明我国城市群竞争力和潜力很大，如果整合各城市资源，发挥各城市的比较优势，那么城市群的整体经济效率还将有提升的空间。

表4-5 2003~2013年中国21个城市群绿色全要素生产率指数及其分解

年份	技术效率	纯技术效率	技术进步	规模效率	GTFP指数	城市群GDP增长率（%）	GTFP的贡献率（%）
2003~2004	1.046	1.052	0.970	0.994	1.015	12.78	39.06
2004~2005	1.009	1.055	1.021	0.956	1.030	11.67	24.13
2005~2006	1.031	0.993	1.045	1.039	1.078	13.46	18.12
2006~2007	1.024	1.017	1.042	1.006	1.067	13.54	11.98
2007~2008	0.966	0.975	1.113	0.991	1.076	11.32	7.78
2008~2009	1.006	1.013	1.071	0.994	1.078	11.08	0.79
2009~2010	1.021	1.019	1.053	1.002	1.076	12.88	10.12
2010~2011	1.010	1.012	1.028	0.998	1.038	11.47	22.76
2011~2012	0.982	0.989	1.080	0.993	1.061	11.32	24.96
2012~2013	0.958	1.011	1.093	0.947	1.046	10.58	36.78
平均	1.005	1.013	1.051	0.992	1.056	11.91	19.54

注：城市群GDP增长率及平均值是基于相应各省份统计年鉴中的"不变价国民生产总值指数"计算得到的。

表4-5列出了中国21个城市群总体的绿色全要素生产率指数及其分解。2003~2013年的绿色全要素生产率年均增长5.6%，这主要源于技术进步的改善。从时间序列的角度分析，中国城市群绿色全要素生产率主要体现为以下几个特征：

（1）从GTFP的变化情况来看。2003~2013年，中国GTFP均为正增长，呈现波动式变化。自2003年以来，GTPF一直呈现递增趋势，到2005年达到顶峰，2005~2009年一直保持在较高的增长水平（2005年为7.8%，2009年为7.6%），这是由于2003年以来我国采取了积极的财政政策，且城市化步伐加快，城市群大规模基础设施建设的集聚效应开始逐渐显现；2006年《国家中长期科学与技术发展规划（2006—2020年）》出台，把技术进步贡献指标列为中国的发展目标之一，这些对提高我国城市群的整体质量起着积极的作用。但在2010年，GTPF增长率从2009年的7.6%急剧下降为3.8%，为2003~2013年的最低值。这主要是受 2008 年由美国次贷危机引发的全球性金融危机的影响，以及当年年底国家推出的 4 万亿元投资效果甚微。2011 年，GTFP 增长率有所回升，但是增幅不大。

（2）从 GTFP 的分解指标分析，技术进步是中国 21 个城市群 GTFP 增长的主导因素，并且技术效率与技术进步的变化趋势呈现出反向发展趋势。技术效率从 2003 年的 4.6% 下降到 2013 年的 -4.2%，技术进步从 2003 年的 -0.3% 上升到 2013 年的 9.3%，技术效率的变化幅度为 8.8%，技术进步的变化幅度为 9.6%，可以看出技术进步大于技术效率的变化幅度，这表明在技术进步促进 GTFP 上升的同时，同时也会出现技术效率下降对 GTP 上升的阻滞。与此同时，在 2008 ~ 2009 年，由于我国经济遭遇到了金融危机等外部冲击，我国技术进步波动也相应变大。技术进步主要来源于两个方面：一是本国的自主创新；二是向他国学习引进先进技术。我国城市群技术进步受到外部经济环境变动影响而呈现波动式变化，这说明我国城市群的技术进步主要依赖于从他国引进，自主创新能力不足。

（3）技术效率可以进一步分解为规模效率和纯技术效率，可以发现纯技术效率一直主导着城市群技术效率的变化。具体来说，2003 ~ 2013 年，规模技术效率的年均增长率为 -0.8%，技术效率的年均增长率为 0.5%，纯技术效率的年均增长率为 1.3%。其中，仅在 2005 年实现了规模效率的增长带动技术效率的增长，其余年份规模效率从未超过 1，这表明中国 21 个城市群规模效率严重地阻滞了技术效率的提升，可以从整体上判断，中国 21 个城市群并没有达到规模经济。

（4）从 GTFP 对中国城市群经济增长的贡献率来看，GTFP 从 2004 年的 39.06% 下降到 2013 年的 23.45%，呈现下降趋势。从平均值上看，中国 21 个城市群平均增长率为 11.95%，而 GTFP 对中国城市群经济增长的平均贡献率仅为 19.54%，水平较低，可以发现中国城市群的发展依赖自然禀赋和资源投入增长而得到发展的特征较为明显。

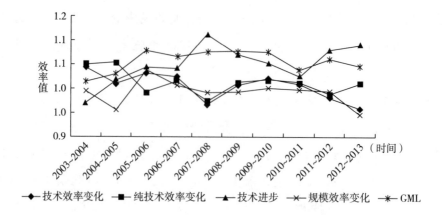

图4-3　2003~2013年中国城市群各效率值变化对比

三、城市群绿色经济效率群际差异特征

根据城市群所在的空间地理位置，将21个城市群分为东部城市群、中部城市群和西部城市群，仍然将GML指数（绿色全要素生产率变动）进行分解。

1. 东部地区城市群绿色全要素生产率分解

从表4-6可以看出，2003~2013年我国东部城市群绿色全要素生产率平均变动上升了6.5个百分点，主要是由于绿色技术进步的变动上升了5.1个百分点；绿色纯技术效率的变动基本不大，绿色规模经济效率的变动下降，说明东部城市群的规模效应没有很好地发挥，这可以解释为东部城市群发展资源环境压力较大，产生一定拥塞效应之后出现规模不经济现象，对经济发展起到了阻滞作用。

表4-6　2003~2013年东部地区城市群绿色全要素生产率分解

年份	绿色技术效率变化	绿色纯技术效率变化	绿色技术进步	绿色规模效率变化	绿色全要素生产率变化
2003~2004	1.031	1.028	1.021	1.003	1.041
2004~2005	1.023	1.023	1.014	1.000	1.039

续表

年份	绿色技术 效率变化	绿色纯技术 效率变化	绿色技术 进步	绿色规模 效率变化	绿色全要素 生产率变化
2005 ~ 2006	1.033	1.027	1.052	1.006	1.095
2006 ~ 2007	1.018	1.018	1.046	1.000	1.077
2007 ~ 2008	0.997	0.999	1.076	0.997	1.090
2008 ~ 2009	1.021	1.014	1.045	1.008	1.089
2009 ~ 2010	1.006	1.005	1.062	1.000	1.087
2010 ~ 2011	0.990	0.995	1.025	0.994	1.024
2011 ~ 2012	0.992	0.996	1.060	0.995	1.073
2012 ~ 2013	0.939	0.993	1.116	0.935	1.040
平均	1.003	1.009	1.051	0.993	1.065

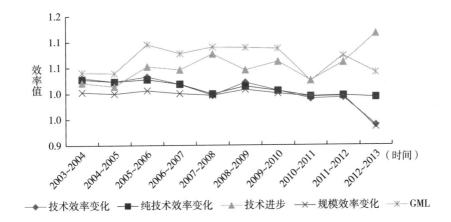

图 4 - 4　2003 ~ 2013 年中国东部城市群各效率值变化对比

2. 中部地区城市群绿色全要素生产率分解

从表 4 - 7 可以看出，2003 ~ 2013 年我国中部城市群绿色全要素生产率平均变动上升了 7.6 个百分点，相对于东部城市群和西部城市群绿色全要素生产率的平均变动，中部地区的绿色全要素生产率提升最快，这和中部崛起战略不谋而合。未来中部城市群的发展势必是我国城市群建设的重点，随着东部城市群的产业向中西部的转移，中部城市群的绿色经济效率仍有较大的提升空间。

表4-7　2003～2013年中部地区城市群绿色全要素生产率分解

年份	绿色技术效率变化	绿色纯技术效率变化	绿色技术进步	绿色规模效率变化	绿色全要素生产率变化
2003～2004	1.042	1.060	1.015	0.983	1.058
2004～2005	1.038	1.054	1.019	0.985	1.058
2005～2006	0.998	0.989	1.057	1.009	1.055
2006～2007	1.010	1.029	1.051	0.982	1.061
2007～2008	0.979	0.980	1.088	0.999	1.065
2008～2009	1.022	1.032	1.062	0.991	1.084
2009～2010	1.011	0.999	1.053	1.013	1.066
2010～2011	1.021	1.022	1.018	0.999	1.039
2011～2012	0.998	0.998	1.078	1.000	1.076
2012～2013	0.956	0.978	1.066	0.978	1.018
平均	1.007	1.013	1.050	0.994	1.057

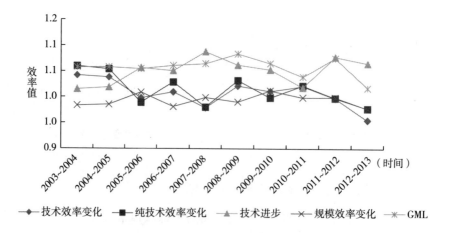

图4-5　2003～2013年中国中部城市群各效率值变化对比

3. 西部地区城市群绿色全要素生产率分解

从表4－8可以看出，2003～2013年我国西部城市群绿色全要素生产率平均变动上升了5个百分点，相比东部地区城市群和中部地区城市群而言，西部地区城市群的规模率变化更大，说明西部地区城市群规模并不大，对中国城市群经济的拉动作用不明显。

表4－8　2003～2013年西部地区城市群绿色全要素生产率分解

年份	绿色技术效率变化	绿色纯技术效率变化	绿色技术进步	绿色规模效率变化	绿色全要素生产率变化
2003～2004	1.068	1.069	0.922	0.897	0.977
2004～2005	0.983	1.088	1.039	0.812	1.005
2005～2006	1.066	0.978	1.028	0.981	1.087
2006～2007	1.077	1.008	1.045	0.950	1.065
2007～2008	0.980	0.958	1.220	0.916	1.077
2008～2009	0.986	1.001	1.082	0.879	1.066
2009～2010	1.073	1.052	1.051	0.900	1.078
2010～2011	1.035	1.019	1.050	0.903	1.051
2011～2012	0.963	0.976	1.082	0.878	1.043
2012～2013	0.987	1.064	1.105	0.832	1.092
平均	1.005	1.017	1.044	0.879	1.050

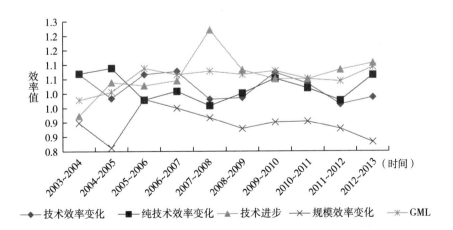

图4－6　2003～2013年中国西部城市群各效率值变化对比

对三大区域城市群进行 GML 生产率指数及其分解分析，可以发现，2003~2013 年东部城市群 GTFP 的平均增长率为 6.5%，比中部城市群和西部城市群 GTFP 的平均增长率 5.7%、5% 都高，说明中国城市群在区域层面没有出现趋同效应。具体分析，2003~2013 年，西部城市群与中部城市群 GTFP 年均增长率之差为 -1.5%，中部城市群与东部城市群 GTFP 年均增长之差为 -0.8%，西部城市群与中部城市群之间的差距要大于中部城市群与东部城市群之间的差距，这表明西部城市群的绿色要素生产率有较大的提升空间，我国要想发展城市群经济，需要重点加快西部城市群的建设。

从技术效率的差异上看，2003~2013 年，东、中、西部城市群的技术进步的平均增长率分别为 5.1%、5%、4.4%，东部城市群和中部城市群技术进步的平均增长率相差不多，这表明东部城市群在改革开放优惠政策的作用下经济发展领先全国，本地市场需求得到满足之后其先进的技术和知识逐渐溢出扩散至中部城市群，使中部城市群的技术进步赶超东部地区城市群，从而保持较高的增长率。结合图 4-4 至图 4-6 中各区域城市群的技术进步增长率变动趋势，可看出我国技术进步的结构性失衡问题并没有缓和，只是随着城市化步伐的加快，技术进步在各大区域的城市群都得到了较大提升。

第五章 门槛效应：产业集聚对城市群绿色全要素生产率的影响

　　城市群的出现是我国区域经济发展的重要特征，是城市化成熟阶段的高级组织形式以及我国经济集聚与人口承载的主要地域形态。自从"十一五"以来，我国逐渐调整了区域经济发展的重心，先前的东部率先发展、中部崛起突围、西部继续开发、东北振兴崛起的"条状"发展思路已经被城市群的出现打破，以城市群为经济增长极核的"块状"区域经济发展思路逐渐登上历史舞台。方创琳（2010）的研究报告显示，目前我国城市群覆盖面积大约占到全国国土面积22.45%，在这有限的土地上聚集了约占全国46.88%的人口，城市群所涵盖的城镇人口数约占全国总城镇人口的49.92%，创造的社会消费品总额约占全国总额的69.79%，城市群固定资产投资、工业总产值、外商直接投资和经济总量占全国的比重分别为72.32%、74.58%、92.74%和76.32%。综上所述，城市群是我国工业化与城市化的引擎，带动了我国区域经济的快速发展。城市群的重要性使学术界和政府部门对其发展质量高度重视。城市群的发展质量与产业集聚密切相关，但是很少有学者从定量的角度来研究产业集聚和城市群发展的经济效率关系，我国城市群内部产业结构是否合理，如何才能从提高资源环境约束下的城市群经济效率是未来城市群发展过程中亟须解决的重要问题。

　　本书第三章在理论上探讨了产业集聚是如何影响城市群经济发展的机制，在这一方面的实证研究相对比较缺少。通过进一步整理参考文献发现，有很多约束机制存在于产业集聚对城市群经济效率的影响中。上述研究表明，成熟规模会约束产业集聚对城市经济增长以及效率的提升。归根结底就是产业集聚产生规模报酬递增效应只有在城市达到相当的规模后才能实现，也会促使经济增长、效率提升，此现象被称为"门槛效应"，在城市群中也会存在直接影响产业集聚外部性发挥的所谓的"城市规模门槛"。除此之外，开放性假说和威廉姆森假说是两种最为典型的约束机制。威廉姆森假说是指，产业集聚仅仅在经济发展初期才会明显提升地区经济效率，如果经济发展达到某一临界值，产业集聚对经济不但没有促进作用反而会消失或者变成负值。Luisito Bertinelli 和 Duncan Black（2004）研究发现经济发展处于初级水平时，随着产业的集聚，人力资本的积累可以获得潜在的最大收益，但这种收益会随着人力资本递减的边际收益而递减。Krugman 和 Elizondo（1996）提出开放性假说，该假说指出由于地理距离的缩短，产业集聚对封闭经济的作用大于对开放经济的作用，因为国内贸易受到的重视程度随国内交易水平提高而增加，则该国与外国的贸易就会减少。Ades 和 Glaeser（1995）利用 85 个国家的数据，分析发现一个城市的人口集聚程度与该地区或者城市的开放性有关，且为比较明显的负相关。徐盈之等（2011）用动态面板的方法利用中国省级数据验证了威廉姆森假说。研究结果表明，空间集聚对经济增长具有非线性效应，即没有达到门槛值以前，集聚对经济增长具有正效应，但超出门槛值后，集聚会降低经济增长率。王晶晶等（2014）利用中国 200 多个地级及以上的数据验证了服务业集聚的动态溢出效应。孙浦阳等（2011）用不同的假设条件分析我国对外贸易、产业集聚以及地区经济增长的关系。所以，本章把研究对象从空间的角度进行范围扩展，看是否存在不同的限制条件使产业集聚对城市群绿色经济效率的影响也因此而变得大不相同。产业结构对于城市群来说也是判断其绿色经济效率的重要指标，要想提高城市群的绿色经济效率，除了考虑到环境约束以外，还要考虑到交易成本是否能够节约下来以促进城市群地区经济健康、可持续发展。

第一节　研究对象与数据选取

一、研究对象

参照学者方创琳等（2011）关于城市群的报告和学者张学良（2013）关于城市群环境承载能力的研究中对我国城市群的划分方法并限于数据可获得性，本章研究选择中国 21 个城市群，具体名称和包含城市见表 1 - 2。

二、数据来源

本章选取 2003～2013 年共 11 年的城市数据来开展研究，数据来源于《中国统计年鉴》（2004～2014 年）、《中国城市建设统计年鉴》（2004～2014 年）、《中国区域经济统计年鉴》（2010～2014 年）、《中国城市统计年鉴》（2004～2014 年），不足的数据来源于各地区分年度的统计年鉴以及地区年度政府工作报告，在处理缺失数据时采用插值法进行补充，行业分类参照中国国家统计局国民经济行业分类（GB/T 4754—2011）标准进行。

第二节　模型设定

依照集聚经济外部性，产业集聚可以划分为多样化集聚与专业化集聚，在研究产业集聚与城市群绿色全要素生产率关系的时候，按照面板数据的要求，将产业集聚多样化和专业化指数纳入到生产效率函数中（刘生龙和胡鞍钢，2010；刘修岩，2009），并加入不同的控制变量，建立如下回归模型：

$$\ln GTFP_{it} = \beta_0 + \beta_1 RZI_{it} + \beta_2 RDI_{it} + \beta_3 Pe_{it} + \beta_4 Str_{it} + \beta_5 Gov + \beta_6 Inf + \beta_7 FDI_{it} + \varepsilon_{it}$$

$$(5-1)$$

式（5-1）中，$GTFP$ 表示城市群绿色全要素生产率；RZI 表示产业相对专业化指数（MAR 外部性）；RDI 表示产业相对多样化指数（Jacobs 外部性）；Pe 表示市场竞争度；Str 表示产业结构；Gov 表示政府规模；Inf 表示基础设施；FDI 表示贸易开放度；ε 为随机误差项；i 表示城市群；t 表示年份。

一、核心解释变量

本书借鉴 Duranton 和 Puga（2000）的方法计算相对多样化集聚指数和相对专业化集聚指数。其中，相对专业化集聚指数反映的是城市群经济的马歇尔外部性，其计算公式表示为：

$$RZI_i = \underset{j}{\text{Max}}(S_{ji}/S_j) \qquad (5-2)$$

式（5-2）中，i 表示城市群；j 表示不同的产业类型；S_{ji} 表示某城市群中某产业的从业人数占此城市群中总的从业人数的比重；S_j 为 j 产业的从业人数占全部城市群就业人数的比重。

相对多样化集聚指数表明的是城市群经济的雅各布斯外部性，其计算公式表示为：

$$RDI_i = 1/\sum_j |S_{ji} - S_j| \qquad (5-3)$$

二、控制变量

（1）市场潜力（Pe）。市场竞争可以通过倒逼机制激励企业进行创新，加快科学研发与技术孵化，来刺激城市群经济效率的提高；亦或由于过度和不当的竞争打击了企业生产和研发的积极性，从而导致城市群经济效率的下降。Porter 外部性的观点认为市场竞争比垄断更能推动本地创新和知识溢出（Glaeser et al.，1992），因此选取 Porter 指数来衡量市场竞争强度（张学良，2010），Porter 指数也可以反映产业集聚的 Porter 外部性（Porter Externalities）。① 其计算公式如下：

$$Pe_i = \frac{N_i/G_i}{\sum_{i=1}^{n} N_i / \sum_{i=1}^{n} G_i} \tag{5-4}$$

其中，N_i 为 i 城市群的工业企业数量，G_i 为 i 城市群的总的工业增加值，n 为城市群个数。Pe 数值与某产业市场竞争度呈负相关，该值越小，说明竞争性越大。

（2）产业结构（Ind）。城市群内部产业结构是否合理直接影响城市群经济体系的高效运转。我国是典型的二元经济结构，不同城市群的第二产业和第三产业差距较大。本书采取城市群第二产业占比反映该城市群的产业结构，用第三产业占比来反映该城市群的发展方式。

（3）基础设施（Inf）。城市基础设施的种类有很多，本书鉴于数据获取的便捷性并参照其他学者（万庆等，2015）选择代理变量的方法，以城市群人均道路铺装面积反映城市群基础设施建设水平的代理变量，来间接反映城市的发达度。

（4）政府规模（Gov）。由于地方政府对经济活动的干预对地区经济效率存在显著影响，本书参考于斌斌和金刚（2014）的做法，以城市群的财政收入占经济总量的比重来衡量政府对不同城市群之间经济干预的差异程度。

（5）贸易开放度（FDI）。一个国家或地区接触国际前沿的难易程度决定了其对贸易开放程度，较高的贸易开放程度有益于先进技术的引进和优秀管理经验的模仿。外国直接投资已经成为区域经济发展的重要因素，这是由于：一是外商直接投资企业的技术水平都高于国内同类企业，可以直接通过技术转移提升城市经济效率的先进的研发能力；二是外商直接投资相关行业技术人员培训和交流、示范和竞争效应可以间接地促进城市集群提升经济效率。因此城市群贸易开放度使用 FDI 占比来表示（刘生龙、胡鞍钢，2010；王晶晶等，2014），来控制城市群对外开放度的群际差异对经济效率的影响，且在处理时将城市群的年度 FDI 按

---

① 波特外部性指企业主要从多样化中获益，知识溢出主要来源于不同产业间的企业，而非来自相同产业内的企业同时竞争性有利于知识创新与溢出（Edward L. Glaeser, et al., 1992）。

照历年人民币汇率的平均价格折算。

三、约束条件与门槛变量

产业集聚到底对城市群绿色经济效率的影响是正向的还是负向的？是否存在约束条件使产业集聚与城市群绿色经济效率两者之间并不存在线性关系？本书在接下来的讨论里基于三个假设条件，引入相应的三个门槛变量来验证以上问题。

假设1：城市群的规模与城市群绿色经济效率的关系。当城市群规模较小的时候，产业专业化集聚使提供相近产品生产和服务的企业发挥集聚效应，有利于劳动力池中劳动力在各企业的自由进入和流出，先进的技术水平更容易在各企业间扩散，提高企业乃至行业的生产效率，从而提升整个城市群的绿色经济效率；产业专业化集聚在城市群规模较大时，会引起拥塞效应致使集聚经济正外部性减弱乃至消失，使城市群绿色经济效率下降，此时，产业多样化集聚会促进城市群中城市之间知识、技术交换，城市群与城市群之间知识外溢与技术扩散，从而带动城市群绿色经济效率的新一轮提升。

假设2：经济发展水平与城市群绿色经济效率的关系。产业集聚在经济发展初期能显著促进效率提升，但是当经济发展达到一定水平后，促进作用会消失，甚至出现负面的影响，不利于经济增长，拥挤外部性趋向于分散的空间结构。该假设也称"威廉姆森假说"（Williamson Hypothesis）。

假设3：贸易开放度与城市群绿色经济效率的关系。城市群较为封闭的时候，产业集聚缩短了群内各城市的地理距离，因此群内交易更受到重视、更频繁，从而提升城市群整体的绿色经济效率；但随着该城市群贸易开放度的提高，群内产业集聚下降，引起该城市群绿色经济效率的下降。该假设也称"开放性假说"①。

三个门槛变量如下：

---

① "开放性假说"：认为空间集聚对封闭经济比对开放经济的影响更大，因为距离的缩短使得国内交易更受重视，而国内交易越重要，与其他国家的贸易会越少（Krugman，Elizondo，1996）。

城市群规模。城市群规模反映的是城市群经济活动的密集度和市场规模的大小，它可以表示城市群土地资源、人口资源、自然资源等禀赋的丰富度，是界定各城市群空间范围的基础。有学者利用城市群空间范围和人口规模两方面的指标反映城市规模（张学良，2013），也有部分学者仅用人口数反映城市规模（Au and V. Henderson，2006）。鉴于我国城市群自 2003 年以来包括的空间范围相对稳定，面积改变不大，因此城市群规模大小可以使用城市群所管辖城市内的市辖区总人口之和来表示。

经济发展水平。用经济总量与城市群就业人口的比值可表示城市群的经济发展水平，即从业人口人均占有 GDP 的水平，它也适用于测试威廉姆森的假设是否存在于中国的城市群。

贸易开放度。采用城市群 FDI 占经济总量的比重来衡量贸易开放度，折算方式同上，以检验"开放性假说"在中国城市群中的适用性。

变量及指标说明见表 5-1。

表 5-1　变量及指标说明

类型	变量	指标	指标计算
被解释变量	城市群绿色经济效率	城市群绿色全要素生产率（GTFP）	GML 生产率指数
核心解释变量	产业集聚	相对专业化指数（RZI）	$RZI_i = \text{Max}\ (S_{ji}/S_j)$
		相对多样化指数（RDI）	$RDI_i = 1/\sum\limits_{j} \mid S_{ji} - S_j \mid$
控制变量	市场竞争强度	波特外部性（Pe）	$Pe_i = \dfrac{N_i/G_i}{\sum\limits_{i=1}^{n} N_i / \sum\limits_{i=1}^{n} G_i}$
	产业结构	第二产业占比（Ind）	第二产业产值/GDP
	发展模式	第三产业占比（Ser）	第三产业产值/GDP
	政府规模	财政收入占比（Gov）	财政收入/城市群 GDP
	基础设施	人均道路铺装面积（Inf）	—
	贸易开放度	外资水平（FDI）	实际利用外商直接投资额/城市群 GDP

续表

类型	变量	指标	指标计算
门槛变量	城市群规模	市辖区人口数（Size）	市辖区人口
	经济发展水平	劳均 GDP（Vgdp）	GDP/从业人数
	贸易开放度	外资水平（FDI）	实际利用外商直接投资额/城市群 GDP

四、主要变量的统计描述

表 5 - 2 是 2003 ~ 2013 年中国 21 个城市群共 169 个地级及以上城市的主要指标的统计描述。

表 5 - 2　主要变量的统计描述

变量	观测值	均值	标准差	最大值	最小值
城市群绿色经济效率	231	12.1188	3.6894	38.7723	4.8931
相对专业化集聚指数	231	1.4382	1.0347	6.7754	1.5423
相对多样化集聚指数	231	4.4803	1.5796	14.3246	3.4529
市场竞争强度	231	0.9981	0.3586	1.8126	0.7382
二产占比	231	0.3821	0.2341	0.7123	0.0214
三产占比	231	0.3649	0.2018	0.6385	0.0131
政府规模	231	0.1040	0.0342	0.2786	0.0412
基础设施	231	9.3364	3.9834	19.4378	2.3347
城市群规模	231	1498.7238	894.3442	3699.3284	199.8745
经济发展水平	231	19.7648	8.9768	39.6784	6.9872
贸易开放度	231	0.1023	0.0832	0.4265	0.0231

第三节　门槛模型说明

一、门槛模型的设定

本书以 Hansen（2000）的面板数据阈值模型为基础，其基本模型为：

$$y_{it} = \mu_i + \beta_1' x_{it} I(q_{it} \leqslant \gamma) + \beta_2' x_{it} I(q_{it} > \gamma) + e_{it} \tag{5-5}$$

其中，i 和 t 分别表示城市群和年份，q_{it} 为门槛变量，γ 为门槛值，$e_{it} \sim iid$ $(0, \delta^2)$ 为随机干扰项，$I(\cdot)$ 为指标函数。式（5-5）等价于：

$$y_{it} = \begin{cases} \mu_i + \beta_1' x_{it} + e_{it}, & q_{it} \leqslant \gamma \\ \mu_i + \beta_2' x_{it} + e_{it}, & q_{it} > \gamma \end{cases} \tag{5-6}$$

式（5-6）实际上是一个分段函数模型。当 $q_{it} \leqslant \gamma$ 时，系数是 β_1'，当 $q_{it} > \gamma$ 时，系数是 β_2'，借鉴 Hansen 单一门槛模型的要求，可将式（5-1）改写成如下形式：

$$\ln GTFP_{it} = \begin{cases} \beta_0 + \beta_1 RZI_{it} + \beta_2 RDI_{it} + \beta_3 Pe_{it} + \beta_4 Str_{it} + \beta_5 Gov_{it} + \beta_6 Inf + \beta_7 FDI_{it} + \\ \qquad \varepsilon_{it}, \; q_{it} \leqslant \gamma \\ \beta_0' + \beta_1' RZI_{it} + \beta_2' RDI_{it} + \beta_3' Pe_{it} + \beta_4' Str_{it} + \beta_5' Gov_{it} + \beta_6' Inf + \\ \qquad \beta_7' FDI_{it} + \varepsilon_{it}, \; q_{it} > \gamma \end{cases}$$

$$\tag{5-7}$$

二、γ 门槛值的确定

因为门槛回归模型是一个非线性模型，其估计方法不同于线性模型。首先，要估计阈值。式（5-7）的参数可参照面板数据门槛模型理论（Hansen，2000）进行最小二乘（OLS）估计，其残差平方和为 $S_1(\gamma) = \hat{e}_i'(\gamma)\,\hat{e}_i(\gamma)$，所对

应的统计量为 $F(\gamma) = [S_0 - S_1(\hat{\gamma})]/\sigma^2$。其中，$S_0$ 是不存在门槛值条件下的残差平方和，$\sigma^2 = N^{-1}\hat{e_i}'(\hat{\gamma})\hat{e_i}(\hat{\gamma}) = N^{-1}S_1(\hat{\gamma})$ 为残差方差。若回归模型中的门槛值 $\hat{\gamma}$ 越接近真实门槛值，那么 $S_1(\gamma)$ 应该越小。因此，可以连续计算回归模型的候选门槛值 γ，在 $S_1(\gamma)$ 最小处对应的门槛值 γ 就是确定的真实门槛值，即 $\hat{\gamma} = \arg\min S_1(\gamma)$。

对于门限值的估计，它通常是基于一个门限变量样本升序至少 1% 的样品和最大的 1% 的样本中，只有 98% 的样本将在阈值范围的候选名单中。为了提高阈值估计的精度，网格搜索法在回归模型的候选值是连续的。首先，将候选值范围 0.025 作为网格格式的阈值水平，然后格式化所有网格点作为候选的阈值，并计算相应的残差的平方，选择候选的阈值作为真正的最低门槛。

三、检验门槛效应

对门槛回归中的参数进行估计后，则进一步要对门槛效应的相关性进行检验，相关性检验是针对门槛效应的估计值和真实值之间进行对比。显著性在门槛效应检验过程中主要看系数 β_1 和系数 β_2 是否有着明显的差异。首先将约束条件 $\beta_1 = \beta_2$ 加到门槛值回归模型中，然后再进行 Wald 检验。倘若 Wald 统计量的置信概率小于 0.05，则原假设不能被接受，此时说明系数 β_1 和系数 β_2 的差异明显，即说明具有明显的门槛效应。当 Wald 统计量的置信概率大于 0.05 时，则原假设可以被接受，此时系数 β_1 和系数 β_2 差异并不显著，即不存在门槛效应。

检验门槛估计值是否具有一定的真实性，就是看门槛估计值 $\hat{\gamma}$ 和最初的真实值 γ 数据是否一致。汉森（Hansen）认为，门槛估计值与真实值相等，即 $\hat{\gamma} = \gamma$ 的时候存在门槛效应。在检验门槛值 γ 的时候，一般使用极大似然法，该方法中的虚拟假设为：$H_0: \gamma = \hat{\gamma}$，$H_1: \gamma \neq \hat{\gamma}$。相应地，似然比统计量为：

$$LR(\gamma) = [S_1(\gamma) - S_1(\hat{\gamma})]/\sigma^2 \qquad (5-8)$$

LR 为非标准正态分布，汉森计算了其置信区间，即在显著性水平为 α 时，当 $LR \leq -2\ln[1 - \sqrt{1-\alpha}]$ 时，原假设 $\gamma = \hat{\gamma}$ 是可以被接受的。一般地，当 α 在

5%显著水平下，$LR = 6.2458$。

　　根据以上步骤只能判断门槛模型是否只存在单一的解，即门槛唯一。实际的经济问题中往往不止一个门槛，有可能有两个或者多个门槛值。求解多门槛值的过程重复求解单一门槛值的思路。针对城市规模、经济发展水平和贸易开放度三个门槛变量，表 5 – 3 给出可能的解。在检验城市规模门槛变量的时候，使用 Bootstrapping 方法进行搜索，找到第一个可能的门槛值 $\gamma_1 = 2286.2458$，在此情况下，使残差平方和最小的 LM 统计值为 16.1248，在 1% 的显著性水平上拒绝无门槛假设。进一步检验是否存在两个门槛，重复使用 Bootstrapping 方法进行搜索，得到 $\gamma_2 = 2702.5374$ 为第二个可能的门槛值，使此门槛值残差平方和最小的 LM 统计值为 4.3456，该统计量在 10% 的显著性检验中并没有通过，因此接受备择假设，说明该门槛变量下有且仅有一个门槛。重复同样的方法，选择不同的门槛变量，可以求得经济发展水平和贸易开放度也只存在唯一门槛，经济发展水平对应的门槛值为 38.8932，贸易开放度对应的门槛值为 7.6832。

表 5 – 3　门槛模型估计结果

指标	估计值	H0	H1	LM 检验统计量	结论（是否接受原假设 H0）
城市群规模 （万人）	2286.2458	零门槛	一个门槛	16.1248 *** (0.0107)	否
	2702.5374	一个门槛	两个门槛	4.3456 (0.1865)	是
经济发展水平 （万元/人）	38.8932	零门槛	一个门槛	28.2423 *** (0.0012)	否
	41.9256	一个门槛	两个门槛	5.4631 (0.2353)	是
贸易开放度 （%）	7.6832	零门槛	一个门槛	18.0004 *** (0.0003)	否
	11.4536	一个门槛	两个门槛	7.2308 (0.0912)	是

注：***、**、* 分别代表在 1%、5%、10% 的显著性水平下通过检验。

第四节　实证结果及解释

一、实证结果分析

由于效率是在不断发生动态变化的，后一期的效率往往受到前一期资本、人力、环境等同类因素的影响。鉴于此，我们把滞后一期的被解释变量 $GTFP_{-1}$ 纳入模型的解释变量中去综合考虑使用动态面板 GMM 的方法来估计模型中的各参数。从表5-4的估计结果可以看出，$GTFP_{-1}$ 与 $GTFP$ 具有严格的正相关，且通过显著性检验，说明本书使用 GMM 方法来估计模型中的参数是合理的。

表5-4　门槛回归的动态面板 GMM 估计结果

门槛变量	城市群规模（万人）		经济发展水平（万元/人）		贸易开放度（%）	
	规模≤2286.2458	规模>2286.2458	发展水平≤38.8932	发展水平>38.8932	开放度≤7.6832	开放度>7.6832
	(1)	(2)	(3)	(4)	(5)	(6)
lnTFP-1	0.8349	0.8927	0.8674	0.8346	0.8977	0.8842
	(1124.38***)	(47465***)	(2256.36***)	(723.86***)	(1637.45***)	(458.43***)
lnRZI	0.0024	0.0085	-0.0107	0.0068	-0.0014	-0.0023
	(0.56)	(0.63)	(-4.34***)	(0.58)	(-0.60)	(-0.98)
lnRDI	0.0037	0.0107	0.0008	0.0012	0.0025	-0.0036
	(3.12***)	(0.74)	(0.32)	(0.45)	(6.33***)	(-2.84***)
lnPe	0.0008	0.0072	0.0045	0.0034	0.0017	-0.0044
	(0.53)	(3.15***)	(1.42**)	(1.98**)	(0.55)	(-1.66)
lnInd	0.0343	0.0482	0.0264	0.0030	0.0178	-0.0254
	(4.78***)	(2.88**)	(3.01**)	(0.78)	(3.54***)	(-0.88)

续表

门槛变量	城市群规模（万人）		经济发展水平（万元/人）		贸易开放度（%）	
	规模≤2286.2458	规模＞2286.2458	发展水平≤38.8932	发展水平＞38.8932	开放度≤7.6832	开放度＞7.6832
	(1)	(2)	(3)	(4)	(5)	(6)
lnSer	0.0323	0.0410	0.0054	0.0398	0.0195	－0.0221
	(5.32***)	(3.23**)	(2.21*)	(3.05**)	(4.01***)	(－0.77)
lnGov	0.0032	0.0012	0.0034	0.0008	0.0022	－0.0075
	(2.83***)	(0.89)	(0.59)	(1.23)	(1.86*)	(－2.58***)
lnInf	0.0008	0.0031	0.0023	－0.0038	－0.0019	－0.0046
	(0.62)	(0.98*)	(0.99*)	(－1.01)	(－0.80)	(－3.83***)
lnFDI	0.0018	0.008	0.0072	0.0064	0.0015	－0.0049
	(2.14*)	(0.98)	(1.64*)	(1.19**)	(2.01)	(－0.87)
常数项	0.2030	0.1847	0.1650	0.1828	0.1784	0.0757
	(14.55***)	(7.32***)	(28.94***)	(7.56***)	(27.35***)	(3.01***)
Wald 检验	1.28e+06***	2.34e+07***	4.46e+06***	2.38e+07***	2.44e+06***	4.89e+07***

注：***、**、*分别代表在1%、5%、10%的显著性水平下通过检验，括号内为Z统计量的检验值。

表5-5　中国城市群门槛变量指标（2013年）

城市群名称	城市群规模（万人）	经济发展水平（万元/人）	贸易开放度（%）
长三角	4843.1000	38.9031	7.6918
珠三角	2289.7000	39.1708	8.3401
京津冀	3097.0000	36.8148	7.4666
武汉	1412.7000	34.5351	7.1382
环长株潭	1006.0000	46.3495	6.5648
环鄱阳湖	864.0000	32.8352	6.8757
成渝	4026.9000	19.8844	6.8510
海峡西岸	952.2000	33.8125	11.3811

续表

城市群名称	城市群规模（万人）	经济发展水平（万元/人）	贸易开放度（%）
辽中南	1580.1000	45.6687	7.0593
山东半岛	1650.7000	47.3062	8.0416
中原	1279.1000	32.6655	6.9283
关中—天水城市群	1180.3000	27.8102	7.6263
哈长	1439.8000	45.7282	8.6641
江淮	974.2000	32.0394	6.5768
北部湾	544.9000	35.7377	5.0000
呼包鄂榆	353.3000	63.0635	6.7972
晋中	500.0000	25.9984	5.3435
宁夏沿黄	229.4000	38.5423	5.0832
兰州—西宁	466.5000	25.4424	6.3488
黔中	363.3000	27.8422	4.9519
滇中	389.8000	28.3537	6.1184

资料来源：根据《中国城市统计年鉴（2014）》以及各省份统计年鉴整理得到。

二、结果分析

1. 城市群规模门槛

从表5-4的（1）和（2）发现，截至2013年底，中国21个城市群中共有4个城市群跨过了城市群规模门槛，分别是长三角城市群、京津冀城市群、珠三角城市群、成渝城市群。从（1）中看出，没有跨过规模门槛的城市群共有17个，分别是：武汉城市群、环长株潭城市群、环鄱阳湖城市群、山东半岛城市群、哈长城市群、中原城市群、辽中南城市群、黔中城市群、关中—天水城市群、江淮城市群、海西城市群、北部湾城市群、兰州—西宁城市群、呼包鄂榆城市群、晋中城市群、宁夏沿黄城市群、滇中城市群。

对于未跨过规模门槛的17个城市群来说，专业化的产业集聚对它们的绿色经济效率有着不显著的正向作用，而多样化的产业集聚对它们的绿色经济效率具有明显的促进作用且在1%的显著性水平上通过了检验。从（2）中可以看出跨过规模门槛的城市群，专业化产业集聚和多样化产业集聚对它们的绿色经济都有不显著的正向效应。这表明城市群内城市之间与城市群间各城市的产业专业化分工和产业多样化分工可以同时存在，并且共同影响城市群的经济发展，只是当城市群的规模较小时，产业多样化集聚带来的雅各布斯外部性更有利于提高城市群的绿色经济效率。

贸易开放度作为控制变量，它的提高有利于促进未跨过规模门槛的城市群绿色经济效率的提高，因为贸易开放大大增加了先进的国外技术和知识向本国涌入的概率，但这种作用对于跨过规模门槛的城市群的绿色经济效率的正向影响并不显著。市场竞争度未跨过规模门槛的城市群其绿色经济效率对市场竞争波动的敏感程度的正向影响不明显，而跨过规模门槛的城市群其绿色经济效率对市场竞争波动的敏感程度明显为正，说明提高市场竞争度有利于跨过规模门槛的城市群绿色经济效率的提升。政府规模对未跨过规模门槛的城市群绿色经济效率的影响为正且在1%的水平下较为显著，对于跨过规模门槛的城市群绿色经济效率的影响为正但不显著，可以发现政府与市场这两种力量对城市群经济效率的提升是有约束条件的：当城市群未跨过门槛时，政府调控有利于经济效率提升，政府在城市群的经济发展过程中起主导作用；而当城市群跨过规模门槛时，自由的市场竞争比政府的宏观调控行为更能提升城市群的绿色经济效率。在产业结构和发展模式方面，第二产业占比和第三产业占比的提高均能刺激提升城市群绿色经济效率，这一变化并不受城市群规模大小的影响，这一结论与我国目前所处的经济阶段——城市化和工业化融合共进的发展特点相吻合。在城市群没有跨过规模门槛时候，基础设施水平的提高可以促进城市群绿色经济效率的提高，但刺激程度并不明显；当城市群跨过规模门槛时，基础设施提供水平的提升会大力提升城市群的绿色经济效率，说明当城市群规模较大的时候，有序合理的城市基础设施布局可以提高城市群体系的运转效率。

2. 经济发展水平门槛

通过表5-4中的（3）和（4），发现截至2013年底，有7个城市群跨过经济发展水平的门槛，它们是辽中南城市群、长三角城市群、环长株潭城市群、山东半岛城市群、珠三角城市群、哈长城市群、呼包鄂榆城市群；有14个城市群未跨过经济发展水平的门槛，它们是京津冀城市群、武汉城市群、环鄱阳湖城市群、成渝城市群、海峡西岸城市群、中原城市群、关中—天水城市群、江淮城市群、北部湾城市群、晋中城市群、宁夏沿黄城市群、兰州—西宁城市群、黔中城市群、滇中城市群。表5-4的（3）中没有跨过经济发展门槛的城市群其绿色经济效率大小受到专业化产业集聚程度的显著负影响，而受到多样化产业集聚程度的不显著正影响；当城市群跨过经济发展水平门槛之后，专业化产业和多样化产业集聚都会正向影响绿色经济效率但均不显著。在城市化进程推进和城市群蓬勃发展的过程中，过度的专业化产业集聚可能使经济效率受损，也就是说马歇尔外部性会对城市群绿色经济效率产生消极的影响。我们根据研究结论究其原因发现我国城市群在发展中大多劳动密集型产业集聚现象明显，劳动密集型企业的产出效率并不高，且生产的产品附加值比较低，这使效率提升变得困难。另外，我国多数企业在生产过程中技术水平较低，没有将新技术推广开并溢出惠及周边城市的企业，反而是企业之间存在恶性竞争，以高成本、低利润、高能耗、低效率、高污染、低产出来互相挤压生存空间，从而使整个城市地区的生产效率和经济效率低下，情况长期得不到改变，进而得出威廉姆森假说并不能解释中国城市群的经济发展的结论。本书得到的这一重要结论与 Grozet 和 Koening 认为威廉姆森假说并不是任何时候都成立，而是在一定的经济条件下才成立这一结论相一致。

贸易开放度对城市群绿色经济效率在各个阶段都为显著的正向影响，市场竞争度对城市群的影响同贸易开放度一样，表现为在所有经济发展阶段都显著为正，并且对跨过经济发展水平门槛的城市群两者的影响更大。这表明随着开放程度的提高，我国在国际市场上的竞争能力逐渐增强并提高城市群发展的绿色经济效率值。第二产业占比与第三产业占比对城市群绿色经济效率的影响程度可以从系数与显著性上来观察，第二产业比重和第三产业比重对城市群绿色经济效率的影响程度受城市群经济发展水平高低的影响，经济发展水平较低的城市群大力发展工业提高其地区经济总量中的第二产业占比从而提升其经济效率，经济发展水平较高的城市提高其地区经济总量中的第三产业占比将会提升其经济效率。不论城市群处于何种经济发展水平，政府规模的大小对其绿色经济效率的提升影响都不大。城市群经济发展水平低时，加大基础设施投入和建设力度，可以有效促进地区经济效率的提升，但当城市群经济发展水平显著提高以后，基础设施的投入和建设对其效率值的提升不但不明显，反而会出现阻碍，这可以解释目前我国各大城市和城市群基础设施水平参差不齐的现象。

3. 贸易开放度门槛

根据表 5-4 中的（5）和（6），可以发现，截至 2013 年底，有 5 个城市群跨过了贸易开放度门槛，它们是长三角城市群、海峡西岸城市群、珠三角城市群、山东半岛城市群、哈长城市群；未跨过贸易开放度门槛的城市群有 16 个，分别是京津冀城市群、武汉城市群、长株潭城市群、环鄱阳湖城市群、成渝城市群、辽中南城市群、关中—天水城市群、中原城市群、江淮城市群、北部湾城市群、晋中城市群、呼包鄂榆城市群、宁夏沿黄城市群、黔中城市群、兰州—西宁城市群、滇中城市群。通过模型回归可以发现，无论对外开放程度高低，专业化产业集聚都会对城市群绿色经济效率产生消极的影响，多样化产业集聚对不同城市群的影响都很显著，只不过对没能跨过贸易开放度门槛的城市群而言，其产生了显著的积极影响，对跨过贸易开放度门槛的城市群而言，其产生的却是消极影响。从多样化产业集聚的结论来看，开放性假说适用于中国城市群经济发展，说明雅各布斯外部性对城市群经济效率的影响会因为贸易开放度的变化而产生变化，随着贸易开放的扩大而从正面影响变为负面影响，雅各布斯外部性与城市群绿色经济效率之间的关系表现为倒 U 形。

贸易开放度对城市群绿色经济效率的影响与市场竞争程度一样，都不显著。对于没能跨过贸易门槛的城市群而言，第二产业占比与第三产业占比对其均有显著的积极作用，贸易开放度对跨过贸易门槛的城市群对城市群的绿色经济效率的影响与市场竞争程度一样都是不显著的消极作用。根据结论可知，随着贸易开放程度的提高，我国第二产业和第三产业对于中国城市群经济效率的提高并不十分有效，这与开放性假说描述的情况也是吻合的。对没能跨过贸易门槛的城市群而言，政府规模扩大对其经济效率具有积极作用，而对跨过贸易门槛的城市群而言，政府规模扩大反而会引起城市群绿色经济效率的下降。我国对外开放水平与日俱增，影响内部城市群的开放程度也明显提高，政府对经济活动进行的干预行为对城市群经济效率提升的促进作用正在逐渐减弱，在这种情况下，政府应当重新进行角色定位，适当对市场经济的自我调节机制进行让步，否则会影响贸易发达、对外开放程度较高的城市群绿色经济效率的提升。在这一过程中，再加入对基础设施建设投入作为影响因素，会发现基础设施水平与城市群的贸易开放水平呈现同向变化，基础设施水平越高越能促进高开放程度的城市群绿色经济效率的提升，基础设施水平越低越能阻碍低开放程度的城市群绿色经济效率的提升。

第六章 产业集聚与城市群经济
增长的空间计量分析
——以长江中游城市群为例

本书第五章将产业集聚分为专业化集聚和多样化集聚，并讨论了各自是如何影响城市群绿色经济效率的。产业集聚是新经济地理学中出现的重要现象，而地理距离是城市之间的空间溢出效应也是影响城市群经济效率提高的重要因素之一。第五章未将地理距离作为考虑因素纳入产业集聚对于城市群绿色经济效率的影响中去，是因为所选择的中国 21 个城市群在空间上并没有相互毗邻。

本章在第四章和第五章的基础上，将第二章中武汉、环长株潭、环鄱阳湖三个城市群合并为长江中游城市群，共包含 28 个城市，这是考虑到长江中游城市群包含城市样本多，且在地理空间上各城市相互临近。长江中游城市群是 2015 年 4 月继《国家新型城镇化规划（2014—2020 年）》出台以来国务院批复的首个跨区域城市群规划，其空间范围涵盖武汉、环长株潭、环鄱阳湖三个城市群，国土面积约 31.7 万平方千米，承西启东、通连南北，是"一带一路"通道建设上重要的城市群，也是我国中部地区崛起战略实施、深入推进新型城镇化的核心区域，在我国城市群经济发展中地位显著。在既有研究的基础上，本章将以长江中游城市群为例，利用 2003~2013 年 28 个地级城市的统计数据，并引入地理距离，分析产业与绿色全要素生产率的关系。长江中游城市群具体空间范围见表 6-1。

表6-1　长江中游城市群覆盖的空间范围

省份	所含城市及个数
湖北	武汉、黄石、宜昌、鄂州、襄阳、孝感、荆州、黄冈、咸宁、荆门（10个）
湖南	长沙、株洲、湘潭、益阳、岳阳、常德、衡阳、娄底（8个）
江西	南昌、景德镇、九江、新余、鹰潭、宜春、萍乡、上饶、抚州、吉安（10个）

第一节　研究的深化

近年来，新经济地理学家逐渐开始关注空间集聚是否能够提升城市地区的经济效率。王晶晶等（2014）使用门限模型基于24个OECD国家的面板数据采用GMM方法考察了服务业FDI对东道国全要素生产率的溢出效应。章韬（2013）从经济地理的外部性出发，研究了我国城市的全要素生产率的影响因素。前者是单纯研究产业集聚对全要素生产率的作用，忽视了地理距离的变化能够引起知识和技术的空间溢出效应，从而对城市的全要素生产率产生影响。后者研究地理距离对全要素生产率产生的影响却忽略了货币会产生外部性，进而影响城市群所面临的市场需求，相同行业的大量企业聚集在一起，或者不同行业的大量企业聚集在一起，会影响企业在空间上的区位选择，市场潜力大的地区和城市地区全要素生产率将会得到很大提升，将产业集聚、地理距离与城市群绿色全要素生产率结合起来的研究并不多。

在第五章研究产业集聚与城市群全要素生产率的基础上，本章引入地理距离来进一步讨论知识和技术空间溢出效应是如何作用于城市群，并促进城市群绿色经济效率得以提升的。

第二节 模型建立、变量说明与数据来源

一、空间计量模型的建立

本章以长江中游城市群为例，考察产业集聚对长江中游城市群各城市绿色全要素生产率的影响，借鉴 Fischer 等、潘文卿等学者的空间计量方法，建立如下基本的空间计量模型：

$$\ln GTFP_{it} = \rho \sum_{j=1}^{N} W_{ij}\ln GTFP_{jt} + \delta \ln agglo_{it} + \varphi \ln mp_{it} + \gamma \ln X_{it} + \eta_i + v_t + \varepsilon_{it}$$

$$\varepsilon_{it} = \lambda \sum_{j=1}^{N} W_{ij}\varepsilon_{jt} + u_{it} \qquad\qquad (6-1)$$

其中，$GTFP_{it}$ 为城市 i 在 t 时间的绿色全要素生产率，agglo 为产业集聚水平，X 为控制变量，mp 为市场潜能，η_i 为地区效应，v_t 为时间效应，ε_{it} 为随机扰动项，ρ 为空间滞后系数，λ 为空间误差系数[①]，W_{ij} 为空间权重矩阵（见附录 2)[②]，可以反映长江中游城市群中城市彼此之间的空间联系程度。由于产业集聚过程是集聚效应和拥塞效应共同作用的结果，学者杨仁发（2013）研究发现产业集聚与地区经济效率之间呈现二次函数关系，而不是线性关系。当存在集聚效应时，二次项前面的系数符号为正值；当二次项前面的系数符号为负值的时候，则需要引入二次项的平方项，当平方项的系数为正值，说明产业集聚过程中的集聚效应大于拥塞效应，当平方项的系数为负值，说明产业集聚过程中的集聚效应小

---

① 当 $\rho = 0$ 时，空间计量模型被称为空间误差模型或 SEM 面板数据模型；当 $\lambda = 0$ 时，空间计量模型被称为空间滞后模型或 SLM 面板数据模型。

② 简单的二元邻接矩阵认为不相邻城市之间不存在相关性的理念与现实情况有较大出入。这里采用长江中游城市群各城市间距离的倒数作为权重，这样既可以考虑到空间临近但不相邻的城市之间也可能存在相互影响的现实，还能够避免交通距离内由于城市全要素生产率提高所带来的偏差。

于拥塞效应。考虑到产业集聚产生的集聚和拥塞这两种效应会因为行业的不同而有差别，从而对城市全要素生产率也会有不同的影响（于斌斌等，2015）。接下来将产业集聚划分为制造业集聚和生产性服务业集聚，分别考察系数以及平方项系数来观察不同行业的集聚对城市绿色全要素生产率的影响。式（6-1）可以修正为：

$$\ln GTFP_{it} = \rho \sum_{j=1}^{N} W_{ij} \ln GTFP_{it} + \alpha_1 magglo_{it} + \alpha_2 (magglo_{it})^2 + \beta_1 psagglo_{it} +$$
$$\beta_2 (psagglo_{it})^2 + \varphi \ln mp_{it} + \gamma \ln X_{it} + \eta_i + v_t + \varepsilon_{it}$$

$$\varepsilon_{it} = \lambda \sum_{j=1}^{N} W_{ij} \varepsilon_{jt} + u_{it} \tag{6-2}$$

二、变量说明

1. 被解释变量

城市绿色全要素生产率。仍然沿用第四章中 $DEA-SBM$ 模型测算方法来测算长江中游城市群各城市的 GML 指数并得到相应的 $GTFP$ 实际值，计算的相关指标选择与表4-1一致。

2. 核心解释变量

产业集聚用集聚指数（$agglo$）来衡量。集聚指标用相对集中和绝对集中来衡量，空间基尼系数、EG 指数等衡量的是相对集中，区位商指数则表现了绝对集中。为了避免城市规模差异等外生因素对城市要素在空间分布的影响，本章在测算长江中游城市群中各城市的区位商指数用以反映制造业的集聚程度以及生产性服务业的集聚程度，具体计算公式如下：

$$Agg(t) = \left[\frac{e_{ij}(t)}{\sum_i e_{ij}(t)} \right] \Big/ \left[\frac{\sum_j e_{ij}(t)}{\sum_i \sum_j e_{ij}(t)} \right] \tag{6-3}$$

其中，$Agg(t)$ 表示第 t 年 i 城市 j 产业的区位商指数，$e_{ij}(t)$ 表示第 t 年 i 城市 j 产业的从业人员数，$\sum_i e_{ij}(t)$ 表示第 t 年长江中游城市群中所有城市 j 产业的从业人数，$\sum_{j} e_{ij}(t)$ 表示第 t 年 i 城市所有产业的从业人员数，$\sum_{i} \sum_{j} e_{ij}(t)$ 表示第 t 年所有城市所有产业的从业人员数。区位商指数越大，反映产业集聚程度越高，反之则越低。

市场潜能（mp）。$mp_i = \sum_{j \neq i} \dfrac{Y_j}{d_{ij} + \dfrac{Y_i}{d_{ii}}}$。其中，Y 为长江中游城市群中各城市

的 GDP，d_{ij} 为 i 城市到 j 城市的距离，d_{ii} 为 i 城市的内部距离，同时取城市区域半径的 2/3 作为内部距离，即 $d_{ii} = \dfrac{2}{3} \cdot \sqrt{\dfrac{area_i}{\pi}}$，$area_i$ 为 i 城市的区域面积。

3. 控制变量

人力资本（Edu）：城市全要素生产率的影响因素有很多，人力资本是其中之一，参考已有文献，我们选择中高等院校在读人数/每万人这一指标作为代理变量。按照新古典经济增长理论，人力资本对全要素生产率有显著的正影响，本章中我们也有这样的预期。

对外开放度（FDI）：可以通过增加 FDI 的方式增加城市资本存量，本章采用 FDI 占城市生产总值的比重来衡量每个城市的对外开放水平，预计扩大对外开放可以有效提高城市绿色全要素生产率。

基础设施（Infra）：基础设施水平提高，能够使要素流动降低，从而降低企业生产成本，同时还能使不同企业之间或者相邻城市之间的交流费用降低，这些能够促进城市形成规模，产生集聚新经济效应，也有利于知识与技术的传播。本书用人均占有城市道路的面积作为衡量城市基础设施的代理变量，预计城市基础设施条件的改善能有效使城市绿色全要素生产率提高。

三、研究对象与数据来源

根据数据的可得性，本书分析数据选取 2003～2013 年长江中游城市群，总共 28 个地级城市 11 年的基础数据。数据的主要来源是 2004～2014 年的《中国城市统计年鉴》和 2004～2014 年的《中国统计年鉴》，部分数据来自历年《湖

北统计年鉴》《湖南统计年鉴》《江西统计年鉴》，统计年鉴中缺失的数据采用插值法进行补充。

第三节　空间计量检验与回归结果分析

一、空间依赖性检验

本章采用在城市群层面检验长江中游城市群中各城市的绿色全要素生产率是否具有空间依赖性往往利用 Moran's I 指数，计算公式如下：

$$
\text{Moran's I} = \frac{\sum\limits_{i=1}^{N}\sum\limits_{j=1}^{N} W_{ij}(y_i - \bar{y})(y_j - \bar{y})}{S^2 \sum\limits_{i=1}^{N}\sum\limits_{j=1}^{N} W_{ij}} \qquad (6-4)
$$

其中，城市 i 的绿色全要素生产率为 y_i，城市绿色全要素生产率的平均值为 $\bar{y}$、方差为 S^2，城市总数为 N，空间权重矩阵为 W_{ij}。Moran's I 指数的取值范围为 $(-1, 1)$。当 Moran's I > 0，长江中游城市群内不同城市的绿色全要素生产率在地理空间上正相关，出现集聚经济现象；当 Moran's I < 0，长江中游城市群内不同城市的绿色全要素生产率在地理空间上呈负相关，出现集聚不经济现象。根据式（6-4），得到体现 2003 年以来长江中游城市群各城市绿色全要素生产率的空间依赖性的数据，见表 6-2。

表 6-2　2003~2013 年长江中游城市群绿色全要素生产率的 Moran's I 指数

年份	Moran's I
2003	0.184 ***
2004	0.172 ***

年份	Moran's I
2005	0.186 ***
2006	0.207 ***
2007	0.215 ***
2008	0.199 ***
2009	0.214 ***
2010	0.285 ***
2011	0.224 ***
2012	0.257 ***
2013	0.248 ***

注：*** 、** 、* 分别表示在1% 、5% 、10% 的水平下通过显著性检验。

通过 Moran's I 的计算，可以看出 2003 ~ 2013 年长江中游城市群各城市绿色全要素生产率通过检验，在1% 的水平下表现显著，即长江中游城市群各城市绿色全要素生产率空间依赖性较强。这种空间依赖性随着时间变化呈现不规律的变化，但总体是上升趋势，说明长江中游城市群中各城市的经济联系度在逐年增强，出现了空间集聚效应，由此可以猜测该城市群内的中心城市如武汉、长沙、南昌等省会城市可能由于地理距离的变化而与其他城市的绿色全要素生产率出现差距拉大的现象。接下来就可以利用空间计量模型分析地理距离是怎样影响城市群内各城市产业集聚以及绿色全要素生产率的。

二、回归结果分析

通过空间计量工具分析面板数据，可以通过比较拉格朗日乘数以及其是否稳健来确定到底是用空间滞后模型还是空间误差模型。如果 LM_ LAG 比 LM_ ERR 更加显著，且 Robust_ LM_ LAG 通过显著性检验，而 Robust_ LM_ ERR 没有通过显著性检验，则选择空间滞后模型；反之，则选择空间误差模型。模型 1 ~ 5

经过检验后选择空间滞后来估计，通过 Hausman 检验进而选择固定效应模型。估计结果见表6－3。

表6－3　SAR 模型的估算结果

lnTFP	模型1	模型2	模型3	模型4	模型5
lnmagglo	－0.068 ***	－0.082 ***			－0.089 ***
	（－4.865）	（－3.872）			（－4.325）
（lnmagglo）²		－0.018			－0.009
		（－0.724）			（－0.832）
lnpsagglo			0.076 ***	0.027 ***	0.016 *
			（2.012）	（1.945）	（1.856）
（lnpsagglo）²				－0.024	－0.021
				（－0.318）	（－0.644）
lnmp	0.745 ***	0.756 ***	0.774 ***	0.721 ***	0.0723 ***
	（16.325）	（11.743）	（12.688）	（13.374）	（13.825）
lnEdu	0.028 ***	0.032 ***	0.029 ***	0.036 ***	0.037 ***
	（4.358）	（4.625）	（4.988）	（4.868）	（4.584）
lnFDI	0.008 ***	0.009 ***	0.012 ***	0.017 ***	0.008 ***
	（4.325）	（4.615）	（4.525）	（4.253）	（4.311）
lnInfra	0.029 ***	0.023 ***	0.025 ***	0.026 ***	0.029 ***
	（6.808）	（6.845）	（6.894）	（6.754）	（6.854）
ρ	0.563 ***	0.532 ***	0.548 ***	0.566 ***	0.534 ***
	（36.375）	（37.146）	（36.428）	（31.664）	（36.441）
Adj－R^2	0.8932	0.8744	0.8568	0.8912	0.8841
LogL	934.57	927.54	964.82	975.18	964.75
观测值	308	308	301	308	308

注：*** 、** 、* 分别表示在1%、5%、10%的显著性水平下的通过检验。

　　空间滞后模型的回归系数 ρ 为正值且其通过了1%的显著性检验，表明长江中游城市群各城市之间由于地理空间毗邻产生的空间外溢效应能提升相互临近的城市的绿色全要素生产率，因此在研究产业集聚对城市绿色经济效率影响机制的问题时需要对地理距离加以考虑。分析模型二、模型四、模型五的结果可知：长江中游城市群表示制造业集聚的二次项系数和生产性服务业集聚的二次项系数都没有通过显著性检验，这表明拥塞效应在产业集聚的过程中并没有出现。[①] 对比结果发现制造业的集聚系数为负值且在1%的显著性水平上通过检验，生产性服务业的集聚系数为正值且在1%的显著性水平上通过检验，由此可知，制造业的过度集聚使长江中游城市群绿色全要素生产率降低，生产性服务业在长江中游城市群中的集聚提升了城市群的绿色全要素生产率。当产业集聚不存在明显的拥塞时，长江中游城市群制造业集聚反而降低了群内各城市的绿色全要素生产率，主要有两方面的原因：一方面，长江中游城市群的制造业技术水平没有东部城市群先进，其生产的产品经济附加值低，这种技术含量低的产品在参与全球产业竞争的体系时处于最末端。2013年武汉第二产业产值达到4796.20亿元，占GDP比重为48.57%，规模以上企业数量为2340个，工业总产值高达1.1万亿元，同一城市拥有大量的制造业企业进行生产造成的直接影响就是激烈的市场竞争使企业的制造技术水平低下，企业不精于新产品的开发和新技术的研发，只是一味地模仿其他同行业企业的落后技术而不求精进，导致先进的知识和高端的技术难以发挥其溢出作用，从而导致整个长江中游城市群的绿色经济效率偏低。另一方面，目前，长江中游城市群各城市的制造业仅仅是由于地理位置相近而产生集聚，但是并没有从协作机制、政策制度、环境规制、合作交流等方面产生网络化联系，因而不能促进城市群绿色全要素生产率的提高。

从服务业的集聚情况来看，尤其是生产性服务业的集聚使城市群绿色全要素生产率显著提高，其主要有两方面的原因：一方面，武汉、南昌、长沙三个城市不但生产性服务业发达而且作为城市群中的中心城市，利用便利优质的基础设施以及高密度的知识集聚溢出优势对群内经济起着增长极的激励作用，利用较大的

---

① 拥塞效应：当要素集聚达到一个阈值，集聚中心会出现环境污染、交通拥挤、要素价格上涨、企业利润下降现象称为产业的拥塞效应（梁琦，2014）。

市场需求、知识和技术的溢出效应降低地理空间临近城市的交易成本，从而实现城市群绿色全要素生产率的增长和绿色经济效率的提升；另一方面，生产性服务业在地理临近空间上的集聚可以将某企业的知识优势和先进技术以及管理经验传播给其他技术水平落后的企业，实现集聚区域内部行业和企业之间的融合与交流，形成学习效应，加快科技成果的转化，促进企业研发，激励行业创新与企业研发进而提高城市的经济群的绿色经济效率。

第四节　集聚经济对城市绿色全要素生产率的影响

上节我们得出产业集聚在未产生拥塞效应的时候，不但没有使长江中游城市群中各城市绿色全要素生产率上升，反而对其起到了阻滞作用，这违背了产业集聚理论的初衷，看似矛盾，实则不然。本节将集聚经济的外部性分为三类：马歇尔外部性、雅各布斯外部性和波特外部性，进而研究三种外部性如何影响各城市绿色全要素生产率。具体指标选取方法和计算公式参照第五章中的对比豪斯曼的检验结果，选用固定效应下的空间滞后模型做回归，模型的结果见表6－4：

表6－4　长江中游城市群集聚外部性对城市全要素生产率影响的空间计量结果

lnTFP	模型1	模型2	模型3	模型4
lnMAR	-0.045^{***}			-0.042^{***}
	(-4.385)			(-4.652)
lnJacobs		0.068^{***}		0.059^{***}
		(3.248)		(2.576)
lnPorter			-0.078^{***}	-0.072^{***}
			(-4.376)	(-4.829)
lnmp	0.628^{***}	0.614^{***}	0.608^{***}	0.635^{***}
	(13.426)	(14.630)	(14.259)	(15.307)

续表

lnTFP	模型 1	模型 2	模型 3	模型 4
lnEdu	0.029 ***	0.026 ***	0.031 ***	0.027 ***
	(4.291)	(4.357)	(4.432)	(4.328)
lnFDI	0.019 ***	0.022 ***	0.019 ***	0.020 ***
	(2.795)	(2.768)	(2.699)	(2.032)
lnInfra	0.042 ***	0.045 ***	0.043 ***	0.047 ***
	(6.627)	(6.643)	(6.788)	(6.795)
ρ	0.385 ***	0.394 ***	0.322 ***	0.346 ***
	(29.762)	(29.846)	(28.846)	(28.985)
$Adj - R^2$	0.8480	0.8562	0.8754	0.8687
LogL	1499.31	1562.45	1478.68	1492.74
观测值	308	308	308	308

注：*、**、*** 分别表示通过 10%、5%、1% 水平下的显著性检验，括号内为渐进的 t 统计量。

通过回归发现，马歇尔外部性、雅各布斯外部性和波特外部性对长江中游城市群各城市绿色全要素生产率的影响分别为负向影响、正向影响和负向影响，且通过了显著性水平为 1% 的检验。雅各布斯外部性的溢出效应可以显著影响长江中游城市群，使群内各城市绿色全要素生产率提高，这是因为当产业结构多样化时，不同行业的企业可能在原材料、中间产品、最终产品的生产环节中互为上下游产业，而同行业的企业可能因为同质同类产品的研发产生激烈的竞争，从而带来新技术的进步和新产品的出现，这两种情况都可以充分调动城市群内各城市的积极性来发挥自身的比较优势，以实现城市群内部资源的整合和集约利用，进而提高城市群的绿色全要素生产率。另外，不同产业的企业集聚在一起，更有利于发挥产业园区的孵化作用，武汉、长沙等高校云集的、科研机构密集的都能促进和带动周边城市的发展，这种知识和技术的外溢效应对于提升长江中游城市群整体的全要素生产率是大有裨益的。

从系数上看，马歇尔外部性和波特外部性对长江中游城市群各城市的绿色全要素生产率均产生负向影响，并且波特外部性对城市绿色全要素生产率产生的负向影响大于雅各布斯外部性对城市绿色全要素生产率产生的正向影响。这是由于：长江中游城市群相对来说对外开放度较低、市场潜力不大，而在城市群内部制造业水平较高的城市比较集中且产业同构现象严重使城市之间竞争激烈，相同或者相似产业在空间上有过多的企业相聚集会挫伤企业的研发能力与生产积极性，企业的自主创新能力不足，影响城市产业集聚外部性的溢出效应，从而全要素生产率得不到提升。由于马歇尔外部性和波特外部性的负影响在长江中游城市群起主导作用，所以即使制造业在长江中游城市群的集聚程度还没有达到产生拥塞效应的程度，但企业的创新能力和不同行业内企业之间的恶性竞争已经严重阻碍了各个城市全要素生产率的提高，在现实中的表现就是制造业看似在长江中游城市群集聚程度较高，但这种产业集聚并没有使长江中游城市群绿色经济效率得到提升。

第七章　结论与政策建议

第一节　结论

本书采用基于方向距离函数的 SBM 模型和 GML 生产率指数法，对 2003 ～ 2013 年中国 21 个城市群 GTFP 变迁和群际之间的差异性进行了分析，主要结论如下：

（1）中国城市群绿色全要素生产率得到了较大进步，主要是来源于技术改进；GTFP 对中国城市群经济增长的贡献率较低，说明我国城市群的发展粗放型特征明显。

（2）中国城市群 GTFP 存在明显的群际差异性，从东、中、西三大区域层面来看，未出现明显的趋同或者扩大趋势。

从上述得到的结论来看，未来中国城市群要提高绿色全要素生产率任重道远，提高城市群的发展质量除了提高技术进步就是更好地发挥城市群的规模效率；西部城市群的发展和崛起是提高我国城市群发展质量的关键所在。

本章使用了 2003 ～ 2013 年中国 21 个城市群的数据集合，采用 SBM 方法和

GML 生产率指数测度了中国 21 个城市群的绿色经济效率值并根据产业集聚的外部性将其划分为专业化产业集聚（马歇尔外部性）和多样化产业集聚（雅各布斯外部性），并基于两种假说讨论集聚经济对中国城市群绿色经济效率的约束机制。

得到如下结论：

第一，自 2003 年以来，我国 21 个城市群保持经济增长的源泉是城市群绿色经济效率值的增大，衡量其经济效率的重要指标绿色全要素生产率年均增长率为 8.2%，城市群绿色全要素生产率对其经济增长率的贡献达到 58.7%。第二，跨过规模门槛的城市群对马歇尔外部性和雅各布斯外部性都不敏感，而跨过规模门槛的城市群其经济效率的提升对雅各布斯外部性较为敏感，且雅各布斯外部性对此类城市群绿色经济效率的提升有正向刺激。第三，马歇尔外部性会阻碍经济水平初始值较低的城市群的绿色经济效率的提升，但雅各布斯外部性对处在任何经济发展水平的城市群来说都具有积极的作用。第四，扩大对外开放以后，雅各布斯外部性对城市群经济发展的变化从积极影响转向消极影响，这恰好说明开放性假说在中国城市群经济的发展中是适用的，但在马歇尔外部性对城市群经济发展的作用中，并不能体现出开放性假说行得通。第五，扩大对外开放、增强市场竞争、协调工业和服务业的发展都能够提升城市群绿色经济效率值，人口规模大小不同、所处经济发展阶段不同、对外开放程度不同的城市群要想提高其绿色经济效率，则需要根据政府财政扩张和对基础设施与公共物品的投入力度来相应变化。以上研究结论能够充分指导我国城市群未来应该如何走提高经济发展效率的道路。首先，在发展城市群的过程中，要充分考虑到城市群的人口规模、城市群所处的经济发展阶段和贸易与基础设施情况。我国中部城市群和西部城市的平均人口规模大多比东部城市群的人口规模要小，积极引导人口合理、有序地从东部城市群向中、西部城市群的转移是提升城市群绿色经济效率的重要解决办法。人口的合理流动，既能保证东部城市群在发展中拥塞效应的降低甚至消失，也能为中、西部城市群的经济建设储备劳动力，一般来说东部地区发达，具有高水平和高素质的知识型、技术型人才，这些劳动力增加为中、西部城市群未来发展提供人力资本，改善经济发展水平较低城市群的知识结构、劳动力结构，甚至产业结构。其次，城市群的产业发展是提高其绿色经济效率的关键因素，政府管理者和城市规划者必须从关联效应和全局发展的视角优化城市群内部的产业结构与地理空间结构，使得城市群发挥各自的比较优势，尤其是增强上下游产业的联系，互补发展以发挥彼此的比较优势；利用工业化、信息化带来的有利条件，尽可能在环境约束下集约利用资源，扩大第二产业和第三产业的生产可能性边界，充分发挥马歇尔外部性和雅各布斯外部性，建立人才智库、资源分享、信息互通、利益共赢的合作机制。最后，城市群内部不同城市之间由于行政经济导致市场分割现象日益严重，相关部门应该制定有利于城市群协调发展的区域政策和制度，而不单一针对某个城市，保证市场机制可以发挥自我调节的作用，使要素、资金、人才、技术等在不同城市群、不同产业和不同城市之间自由无限制地流动，打破行政壁垒和地方层级保护、政府让位市场，使知识、技术、金融更好地在城市群地区发挥外部溢出效应，提高城市群的绿色经济效率，以共同繁荣。

本章在第五章的基础上，以长江中游城市群为例，选取了 28 个地级市 2003 年至 2013 年的城市产业数据考察了加入地理距离变化因素之后产业集聚对长江中游城市群各城市绿色全要素生产率的影响。研究发现：

（1）长江中游城市群各城市之间由于地理空间毗邻而产生空间外溢效应能促进相互临近的城市的绿色全要素生产率。

（2）当产业集聚不存在明显的拥塞时，长江中游城市群制造业集聚反而降低了群内各城市的绿色全要素生产率。

（3）从服务业的集聚情况来看，尤其是生产性服务业的集聚使得长江中游城市群城市绿色全要素生产率显著提高。

（4）马歇尔外部性、雅各布斯外部性和波特外部性对长江中游城市群各城市绿色全要素生产率的影响分别为负向影响、正向影响和负向影响。

（5）由于马歇尔外部性和波特外部性的负影响对长江中游城市群起主导作

用，所以即使制造业在长江中游城市群的集聚程度还没有达到产生拥塞效应的程度，但企业的创新能力和不同行业内企业之间的恶性竞争已经严重阻碍了各个城市全要素生产率的提高，在现实中的表现就是制造业看似在长江中游城市群集聚程度较高，但这种产业集聚并没有促进长江中游城市群绿色经济效率得到提升。

第二节　中国城市群未来发展的政策建议

我国长三角、珠三角、京津冀等地区的发展在逐步走向一体化，城市群内纵向分工协作也日渐趋于合理。发展型城市群及成型城市群也通过不同的方式逐步成为我国改革发展的新型试验区及创新区等，但区域经济一体化还是处于各种困境之中，甚至流于形式。一方面，由于政府与市场之间的关系协调起来比较困难；另一方面，区域经济与各级政府之间往往存在不同的矛盾，这些矛盾主要来源于各政府之间各自为政、相互的 GDP 竞争及城市规模与地位之争。因此，要想解决这些矛盾，实现城市群的有效发展及城市群内部与城市群之间的合理分工，就必须建立并完善城市群协调发展的新模式和新机制，通过制度改革与创新来获取制度红利。

一、建立与完善城市群协调发展机制

1. 建立完善有效的城市群协调发展机制

随着经济全球化和经济一体化程度的加深，世界各国经济发展的主要方向逐渐趋向于由"行政区经济"向"城市群经济"的演变。目前，在我国经济发达的东部沿海地区已经日渐形成这种趋势，对于我国长期以来的行政区经济来说，这种转变是艰难和复杂的，但这种转变今后将在我国更多的内陆地区得以推广，随之而来的是行政区内部凸显的各种矛盾以及不同行政区之间的利益冲突等层层障碍。因此，要在资源环境约束下提升城市群经济效率实现不同城市群经济协调发展与共同进步，就必须有效整合区域内的机构设置，协调区域内各城市群之间的利益，从而在制度机构设置上得以统一和保障。

在实现区域有效协调发展的过程中，区域协调机构起着举足轻重的作用，全球许多区域发展都离不开区域协调机构的重要作用。例如，欧洲经济在实现一体化的过程中非常重视区域协调机制的建立与运行，欧共体经济一体化的有效推进很大程度是由于有效的区域协调机制的建立和有效的区域协调机制的内部实现，以及促进区域内部利益相关者的有效合作。再如，加拿大的大都市政府、美国的区域发展委员会、德国的区域联合体等。这些机构有的是正式成立的，有的则是半官方机构，这些机构融合了社会各个层面的参与者，将政府企业和民众有效组织在一起，实现各方利益的有效协调。中国城市群经过多年的发展，缺乏有效的内部协调机构这一问题日渐凸显。城市群在实现有效协调发展的过程中由于缺失区域协调机构而缺少在制度上的有效保障，从而发展缓滞。有些区域，相应的协调部门形同虚设，未能有效发挥权威的作用。因此，在现实情况下，城市群内部有效权威的协调机构的设立显得尤为重要，它既能有效协调区域内各行政区之间的工作，也能协调分配区域内的管理资金以实现各方利益，还可以对区域内跨行政区的大型基础设施建设进行评估等，以提高区域整体的运转效率。

2. 培育城市群经济发展的中介组织

政府与企业的联系主要是依靠中介组织，中介组织的本质是按照自愿原则，自发组织起来的。区域经济合作组织是市场经济自组织过程中形成的利益共同体。它的存在可以消除一些障碍因素，以实现市场的有效开放。在城市集聚发展的过程中，中介组织往往涉及大量的领域，如大型博览会、招商局、行政区等高层领导的对话和其他组织工作。同时，中介组织也可以成立相关的协调组织机构，如行业协调组织、产业发展协调组织、环境保护协调组织等，为该区域的参与者提供信息共享平台，并监督市场参与者的行为，以实现市场的公平和效率。

培育促进城市群经济增长，提高城市群经济效率的中介组织，可以从两个方面入手。一方面，可以从微观层面入手，首先给中介组织进行有效的定位，明晰中介组织和政府部门的关系。在这一方面，政府部门应当避免与中介组织发生过于亲密的关系，从而导致中介组织被政府化，最终导致中介组织无法实现有效协调。同时，政府部门应当给予中介组织更多的支持，帮助其更好地发挥作用以推进区域有效协调发展。另一方面，可以从宏观层面入手，通过加快立法来监督中介组织的行为，维护中介机构的合法权益，避免中介组织政府化或者对政府机构产生依附，保持中介组织的独立性。

二、政府职能的重新定位及考核体系的重心转移

1. 政府职能的重新定位

现阶段我国市场经济发展并不十分完善，政府在区域与城市经济发展中的协调作用超越市场自身的调节力量，政府及时有效的干预往往能解决市场经济不能调节和解决的问题，从而保证区域内不同经济利益主体之间的协调发展。然而，当政府职能超越其职能范围时，就会产生负效应。在区域经济发展过程中，地方政府在行使行政权力的时候往往带有垄断性从而表现出负效应。因此，政府应该减少对普通贸易领域的经营和投资行为的干预，只有这样，政府才能去除在区域活动中作为利益主体或者分配者的负作用，对区域经济协调发展起到一定的保障作用。

重新定位政府职能，监督和规范政府行为可以从以下方面进行：一是明确规范政府的职能范围和权利界限，避免政府在地方经济发展的过程中过度干预。在经济发展过程中，政府的主要职能包括外交、公共安全等宏观层面，以及处理地方行政事务、进行公共设施建设、发展地方经济和科教文卫事业等地方层面的职能。在微观层面的市场经济，政府应减少干预，使市场经济能够充分发挥作用，引导微观主体的经济行为。二是明确划清政府和经济参与主体之间的界限。社会各领域的参与者与地方政府都应当扮演好各自的角色，避免地方政府部门定位不

清、充当多方角色或者借行政权力干涉微观经济主体的经济行为而从中谋取不当利益。三是明晰经济主体与政府部门的各方权责。政府部门主要职责是为市场经济中各参与主体提供进行经济活动的稳定而有序的经济环境。同时，政府部门也应当明确市场经济活动的规范，有效调节各方利益，明确经济主体之间的义务和责任。

2. 政府考核体系的重心转移

我国政府部门应当建立起详细的绩效考核制度。地方政府总是从本地经济利益出发来发展地方经济，而没有考虑到整个区域的协调发展，单纯以 GDP 的增长为表面的政绩而忽略土壤污染、水源污染、大气雾霾、城市拥堵所带来的负面影响是不可取的。为解决这一问题，实现城市群绿色经济效率的提高和城市的可持续发展，政府应当在地方乃至全国建立起新的评价体系和多维度的政绩观，同时将重点从经济发展转移至社会公平和公共服务均等领域。由此，地方政府行政权力的垄断性也会得到有效改善，政府的职能效率能得到很大程度的提升。

三、实现法律法规政策与共同文化的有效保障

1. 规范法律、法规与制度

规范的法律法规和健全的制度是协调城市群发展的有效保障，它可以从经济、社会、环境和其他方面的行为对区域进行规范。一方面，完善法律、法规和政策，能有效限制地方政府在城市群发展过程中的行政垄断，从而防止行使权利滥用阻碍城市群经济发展。另一方面，通过构建和完善法律体系，可有效规范城市群内部各经济主体的经济行为，从而形成区域整体范围内的良性竞争环境。

在世界各国推进区域一体化的进程中，完善的司法体系是保障城市区域协调发展的关键。区域立法的公正性能够有效遏制区域经济内部市场经济参与者的不法行为，从而形成健康有效的区域环境。例如，美国通过一个双重司法体系的建立来解决区域经济发展中的问题，关键是上级司法部门解决城际和州际经济问题，从而减少寻租的可能性。相比较而言，我国的立法和执法过程包含了地方利益因素，不能公正有效地解决区域经济中各主体之间的问题。在这一方面，可以

有效借鉴和利用美国经验，在城市群经济发展的过程中，立法执法机构的设立应当跨越不同行政区，将范围扩大到城市群的区域范围。这样，在解决区域内行政区之间的问题上，城市群层级的立法执法机构就可以充分发挥有效作用，促使城市群内部问题得到有针对性的解决。另外，相比欧美发达国家，我国民间层面的组织机构很少拥有有效的法律法规制度保障。民间组织机构法律法规的设立不一定要通过法律的手段，可以借鉴美国、法国和英国等国家发展的经验，这些国家有很多民众自发组织的区域经济协调组织和机构且都有完善的法律制度，有的是必须通过法律法规的途径得以实现，从而使其具有法律保障，有的可能仅仅存在于人们的共识之中，通过签署协议等形式达到约束各方参与者的效果。因此，我们对于机构组织法律法规保障的实现，不要囿于法律层面，可以多多借鉴已有经验，实现不同层面的法律制度保障。

2. 实现共同文化理念的建设

要实现城市群与城市群的有效协调发展，除了注重法律、法规和制度的建设之外，还要注重对共同文化理念的建构。区域的协调发展是可以通过其经济活动来实现的，这需要市场经济参与者之间实现协调，这种协调是区域内普遍存在的文化理念的体现。"以人为本"是实现区域协调发展的出发点，也是区域协调发展的最终目标。这一原则应贯穿于城市群建设的各个环节，并贯穿于城市群建设的法律法规建设。应该从三个层次来加强城市群内部共同文化理念的建设：第一个层次是城市群发展目标的建设；第二个层次是城市群价值观念的建设；第三个层次是城市群行为准则的建设。每个城市都具有不同的文化背景，城市群建设要求不同文化背景的城市在原有的价值观念上统一成一个共同的价值体系，这就要求城市群在划分地域范围时应充分考虑到历史文化发展的因素，将具有相同或相似的历史文化背景的城市有机联系，成为一个有机的城市群系统。此外，建设城市群的共同文化理念是一个长期复杂的过程，它不仅可以由政府部门进行公共宣传，培养民众的自觉性，也可以通过交流，使人们找到共同利益，这是自下而上的形式。

四、建立城市群利益补偿制度

城市群内不同城市的禀赋条件不同，因此建立城市群利益补偿制度能够实现城市群内部城市协调发展，以实现城市群整体经济效率的提升。城市群可以通过利益补偿制度建设规范化，实现高层次的城市政府、地方政府和地方政府的利益转移，从而实现区域间经济利益的合理分配，保持相对均衡发展。共同财政转移支付制度是城市群利益补偿制度的关键所在，因为大多数市场经济国家在处理各级政府之间财政关系时往往都是利用转移支付制度来进行平衡分配的。例如，欧盟在解决经济一体化给成员带来的利益分配不平衡问题时，主要是建立了共同财政的转移支付方式与使用范围制度，将收入在成员之间进行再分配，这项制度使欧盟成员中富国与穷国能长期合作，保持共赢。相比较而言，我国长期以来地方政府之间的横向转移几乎没有，一直采取的是单一的自上而下的纵向转移支付，这就使地方政府之间的利益难以得到很好的协调，地区政府之间的经济交流与合作举步维艰。

要建立规范化的城市群利益补偿制度应该注意以下问题：首先，要充分考虑地区产业发展差别带来的利益差别因素，以污染产业为主的城市应补偿以生态产业为主的城市，经济发达地区应补偿生态功能保护地区，以工业为主的地区应补偿以农业为主的区域；其次，强调公平原则，在促进区域协调发展中，经济发达地区有责任和义务去帮助落后地区的发展；再次，在基础设施、环境保护和资源开发等项目合作中，项目综合收益大的地区应补偿收益小的地区；最后，建立一个共同的、规范化的财政转移支付制度，从而实现城市群之间实行公开、透明、横向的横向财政转移支付，从而实现城市群内城市间的共赢发展。

1. 城市群区域基础设施建设的利益补偿机制

在城市群区域基础设施建设的过程中，由于城市群内部不同城市之间基础设施建设具有差异性，使得非平衡区域利益出现，部分区域协调组织或政府利用协议或协商来进行城市利益的平衡。受益大或损失小的城市补偿受益小或损失大的城市，从而实现区域基础设施的利益均衡。

2. 城市群区域环境与资源的利益补偿机制

区域环境与资源的保护与破坏具有外部性，因此需要进行补偿，这是外部利益的内化。环境保护的利益补偿机制应根据"污染者付费、管理效益、受益者补偿"的原则。例如，长沙环境的改善需要上游的衡阳、株洲、湘潭等城市的支持，在长沙与上游城市没有形成环境保护的利益补偿机制之前，上游城市在国家现有的法律或制度体系内，对环境保护的投入力度可能不够，若长沙与上游城市能够达到某种利益补偿机制，必将加快整个长株潭城市群和湘江流域环境改善的进程。

3. 城市群产业发展的利益补偿制度

不同行业的发展会带来不同的收益，生态环境污染损害程度也不一样。因此，要建立城市群产业发展的利益补偿机制，从而促进城市群产业结构升级。例如，工业污染大的产业的发展往往是技术含量低，投资成本低，应该对高新技术产业发展和城市生态补偿，以减少工业污染，提高生产成本，加快调整和产业结构升级。又如，某城市是该地区的粮食产地，其产业收益率较低，城市群内部的其他城市应当对其予以利益补偿，以帮助加快农业产业化发展，提高农业产业的科技进步，进而确保整个城市群的粮食安全。

五、公共财政制度改革和创新

财政、税收、投资体制对城市群的协调发展具有重要的影响，是保证城市群协调发展实施的物质基础。一方面，从区域内部来看，城市群的一体化建设应该能在一定程度上影响各级行政机构财税收入的流动，中央政府或省际政府根据城市群规划的建议对地方政府实行转移支付，将各种形式的资金分配与地方政府的规划实施挂钩。城市群财政制度应当根据城市群的发展规划来制定，而非区域财政部门自己决定。这就要求区域内部公共财政制度的规范化和透明化。对于财政中属于区域内部各行政区共同享有或共同分担的部分，应当进行合理的分派，避免出现利益分配不均的问题；对于由某个城市个别享有或负担的部分，也应当明确其权责。在这一点上，城市群区域内部财政部门的设立和其职能的有效实现就显得尤为重要。

另一方面，从中央层面来看，中央对于各地方的财政政策常常是作为调节区域之间发展不平衡的有效手段。财政政策往往改变区域利益分配，它不仅改变区域的收支水平，并且对社会生产产生深远的影响。因此，中央政府如何更好地发挥财政政策的重要作用，更有效地调节区域之间的协调发展，对于我国城市群协调发展具有极为重要的影响。首先，中央的转移支付和对地方的公共投资，都应当从各地实际的经济社会发展状况出发，秉承实现区域之间协调发展的原则进行。其次，建立一套完整、有效的政府间转移支付制度，是中央政府为实现区域之间协调发展的一项长期任务。

参考文献

［1］Alan MacPherson, P. Krugman. Geography and trade ［J］. Economic Geography, 1992, 68 (2): 216 – 218.

［2］Alfred Marshall. Principles of Economics: An Introductory Volume ［M］. London: Macmillan, 1927.

［3］Allyn A. Young. Increasing Returns and Economic Progress ［J］. The Economical Journal, 1928, 38 (152): 527 – 542.

［4］Anthony J. Venables. Equilibrium Location of Vertically Linked Industries ［J］. International Economic Review, 1996, 37 (2): 341 – 359.

［5］Anthony J. Venables. Productivity in Cities: Self – selection and Sorting ［J］. Journal of Economic Geography, 2010, 11 (2): 241 – 251.

［6］Bruce E. Hansen. Sample Splitting and Threshold Estimation ［J］. Econometrica, 2000, 68 (3): 575 – 603.

［7］Catherine Beaudry, Andrea Schiffauerova. Who's Right, Marshall or Jacobs? The Localization Versus Urbanization ［J］. Research Policy, 2009, 38 (2): 318 – 337.

［8］Charlotta Mellander, Kevin Stolarick, Adrienne Ross. Cities, Skill and Wages ［J］. Journal of Economic Geograhy, 2011, 12 (2): 355 – 377.

［9］ Christopher H. Wheeler. Cities and the Growth of Wages among Young Workers: Evidence from the NLSY ［J］. Journal of Urban Economics, 2005, 60 (2): 162 – 184.

［10］ Christopher H. Wheeler. Search, Sorting, and Urban Agglomeration ［J］. Journal of Labor Economics, 2001, 19 (4): 880 – 898.

［11］ Diego Puga. Urbanization Patterns: European Versus Less Developed Countries ［J］. Journal of Regional Science, 1998, 38 (2): 231 – 252.

［12］ Donal R. Davis, David E. Weinstein. Market Access, Economic Geography and Comparative Advantage: An Empirical Test ［J］. Journal of International Economics, 2003, 59 (1): 1 – 23.

［13］ Dong – hyun Oh. A Global Malmquist – Luenberger Productivity Index ［J］. Journal of Productivity Analysis, 2010, 34 (3): 183 – 197.

［14］ Dong – hyun Oh. A Metafrontier Approach for Measuring an Environmentally Sensitive Productivity Growth Index ［J］. Energy Economics, 2010, 32 (1): 146 – 157.

［15］ Edward Glaeser, David C. Mare. Cities and Skills ［J］. Journal of Labor Economics, 1994 (19): 316 – 342.

［16］ Gianmarco I. P. Ottaviano, Dino Pinelli. Market Potential and Productivity: Evidence from Finish Regions ［J］. Regional Science and Urban Economics, 2006, 36 (5): 636 – 657.

［17］ Gilles Duranton, Diego Puga. Diversity and Specialization in Cities: Why, Where and When Does It Matter? ［J］. Urban Studies, 1999, 37 (3): 533 – 555.

［18］ Gilles Duranton, Diego Puga. From Sectoral to Functional Urban Specialization ［J］. Journal of Urban Economics, 2005, 57 (2) : 343 – 370.

［19］ Giorgio Basevi, Gianmarco I. P. Ottaviano. The District Goes Global: Export vs. FDI ［J］. Development Working Papers, 2000 (42): 107 – 126.

［20］Giuseppe Arbia. The Role of Spatial Effects in the Empirical Analysis of Regional Concentration ［J］. Journal of Geographical Systems, 2001 (3): 271 –281.

［21］Glenn Ellison, Edward Glaeser. Geographic Concentration in U. S. Manufacturing Industries: A Dartboard Approach ［J］. Journal of Political Economy, 1997, 105 (5): 889 –927.

［22］Glenn Ellison, Edward Glaeser. The Geographic Concentration of Industry: Does Natural Advantage Explain Agglomeration? ［J］. American Economic Review, 1999, 89 (2): 311 –316.

［23］Glenn Ellison, Edward L. Glaeser, William R. Kerr. What Causes Industry Agglomeration? Evidence from Coagglomeration Patterns ［J］. The American Economic Review, 2010, 100 (3): 1195 –1213.

［24］Henry G. Overman, Diego Puga. Labor Pooling as a Source of Agglomeration: An empirical investigation ［M］//Edward L. Glaeser. Agglomeration Economics. Chicage: University of Chicage, 2010.

［25］J. Vernon Henderson. Marshall's Scale Economies ［J］. Journal of Urban Economics, 2003, 53 (1): 1 –28.

［26］Joel A. Elvery. City size and skill intensity ［J］. Regional Science and Urban Economics, 2010, 40 (6): 367 –379.

［27］José L. Zofío, Angel M. Prieto. Environmental Efficiency and Regulatory Standards: in Case of CO_2 Emission from OECD Industrias ［J］. Resource and Energy Economics, 2001, 23 (1): 63 –83.

［28］Kaoru Tone, Miki Tsutsui. Dynamic DEA: A Slacks –based Measure Approach ［J］. Omega, 2010, 38 (3 –4): 145 –156.

［29］Kenneth J. Arrow. The Economic Implication of Learning by Doing ［J］. The Review of Economic Studies, 1962, 29 (3): 155 –173.

［30］Luisito Bertinelli, Duncan Black. Urbanization and Growth ［J］. Journal of

Urban Economics, 2004, 56 (1): 80 –96.

[31] Marigee Bacolod, Bernardo Blum, William C. Strange. Skill in the City [J]. Journal of Urban Economics, 2009, 65 (2): 136 –153.

[32] Marigee Bacolod, Bernardo Blum, William C. Strange. Urban Interactions: Soft Skill Sersus Specialization [J]. Journal of Economic Geography, 2009, 9 (2): 227 –262.

[33] Marius Bruelhart, Federica Sbergami. Agglomeration and Growth: Cross – country Evidence [J]. Journal of Urban Economics, 2008, 65 (1): 48 –63.

[34] Marius Bruelhart, Rolf Traeger. An Account of Geographic Concentration Patterns in Europe [J]. Regional Science and Urban Economics, 2005, 35 (6): 597 –624.

[35] Masahisa Fujit, J. F. Thisse. Economics of Agglomeration: Cities, Industrial Location, and Regional Growth [M]. Cambridge : Cambridge University Press, 2002.

[36] Masahisa Fujita, Paul R. Krugman, Anthony J. Venables. The Spatial Economy: Cities, Regions, and International Trade [M]. Cambridge: MIT Press, 1999.

[37] Osman Zaim, Fatma Taskin. Environmental Efficiency in Carbon Dioxide Emission in the OECD: A Non – parametric Approach [J]. Journal of Environmental Management, 2000, 58 (2): 95 –107.

[38] P. Krugman. Increasing Returns and Economic Geography [J]. Journal of Political Economy, 1991, 99 (3): 483 –499.

[39] Paul A. Samuelson. The Transfer Problem and Transport Costs: The Terms of Trade When Impediments are Absent [J]. Economic Journal, 1952 (62): 278 – 304.

[40] Paul Krugman, Anthony J. Venables. Globalization and the Inequality of

Nations [J] . The Quarter Journal of Economics, 1995, 110 (4): 857 – 880.

[41] Paul Krugman, Raul Livas Elizondo. Trade Policy and the Third World Metropolis [J] . Journal of Development Economics, 1996, 49 (1): 137 – 150.

[42] Paul Michael Romer. Increasing Returns and Long – Run Growth [J] . Journal of Political Economy, 1986, 94 (5): 1002 – 1037.

[43] Philippe Martin, Gianmarco Ireo Paolo Ottaviano. Growing Location: Industry Location in a Model of Endogenous Growth [J] . European Economic Review, 1996, 43 (2): 281 – 302.

[44] Philippe Martin, Thierry Mayer, Florian Mayneris. Spatial Concentration and Plant – level Productivity in France [J] . Journal of Urban Economics, 2011, 69 (2): 182 – 195.

[45] Ramakrishnan Ramanathan. A Multi – factor Efficiency Perspective to the Relationships among World GDP, Energy Consumption and Carbon Dioxide Emissions [J] . Technological Forecasting and Social Change, 2006, 73 (5): 483 – 494.

[46] Richard Baldwin. Agglomeration and Endogenous Capital [J] . European Economic Review, 1999, 43 (2): 253 – 280.

[47] Richard E. Baldwin, Rikard Forslid. The Core – Periphery Model and Endogenous Growth: Stabilizing and Destabilizing Intergration [J] . Economica, 2000, 67 (267): 307 – 324.

[48] Ron Martin, Peter Sunlry. Paul Krugman's Geographical Economics and Its Implication for Regional Development Theory: A Critical Assessment [J] . Economic Geography, 1996, 72 (3): 259 – 292.

[49] Stuart S. Rosenthal, Melvin A. Eggers, William C. Strange, Michael Eriksen. Small Establishments/Big Effects: Agglomeration, Industrial Organization, and Entrepreneurship [M] //Edward L. Glaeser. Agglomeration Economics. Chicago: University of Chicago, 2010.

［50］Tony Venables. Equilibrium Locations of Vertically Linked Industries ［J］. International Economic Review, 1996, 37 (2): 341 –359.

［51］Vernon Henderson. Externalities and Industrial Development ［J］. Journal of Urban Economics, 1997 (1): 75 –93.

［52］Vernon Henderson. How Urban Concentration Affects Economic Growth ［J］. Social Science Electronic Publishing, 2000 (42): 1 –42.

［53］Jeffrey G. Williamson. Regional Inequality and the Process of National Development ［J］. Economic Development and Cultural Change, 1965, 13 (4): 1 –84.

［54］Xuedu Lu, Jiahua Pan, Ying Chen. Sustaining Economic Growth in China under Energy and Climate Security Constraints ［J］. China and World Economy, 2006, 14 (6): 85 –97.

［55］潘竟虎, 胡艳兴. 中国城市群"四化"协调发展效率测度 ［J］. 中国人口·资源与环境, 2015 (9): 100 –107.

［56］白雪, 张明斗. 基于 BCC 模型的区域经济发展绩效评价研究 ［J］. 商业研究, 2012 (2): 50 –54.

［57］薄文广. 外部性与产业增长——来自中国省级面板数据的研究 ［J］. 中国工业经济, 2007 (1): 37 –44.

［58］陈柳. 中国制造业产业集聚与全要素生产率增长 ［J］. 山西财经大学学报, 2010 (12): 60 –66.

［59］陈诗一. 能源消耗、二氧化碳排放与中国工业的可持续发展 ［J］. 经济研究, 2009 (4): 41 –55.

［60］陈诗一. 中国的绿色工业革命：基于环境全要素生产率视角的解释 (1980 ~2008) ［J］. 经济研究, 2010 (11): 21 –34.

［61］代合治. 中国城市群的界定及其分布研究 ［J］. 地域研究与开发, 1998 (2): 40 –43.

［62］戴永安. 中国城市化效率及其影响因素——基于随机前沿生产函数的分析［J］. 数量经济技术经济研究，2010（12）：103 – 117.

［63］范剑勇，冯猛，李方文. 产业集聚与企业全要素生产率［J］. 世界经济，2014（5）：51 – 73.

［64］方创琳，关兴良. 中国城市群投入产出效率的综合测度与空间分异［J］. 地理学报，2011（8）：1011 – 1022.

［65］方创琳，姚士谋，刘盛和等. 中国城市群发展报告（2010）［M］. 北京：科学出版社，2011.

［66］方创琳. 中国城市群可持续发展理论与实践［J］. 中国科技论坛，2010（7）：135.

［67］方创琳，宋吉涛，张蔷，李铭. 中国城市群结构体系的组成与空间分异格局［J］. 地理学报，2005，60（5）：827 – 840.

［68］高春亮. 1998～2003 城市生产效率：基于包络技术的实证研究［J］. 当代经济科学，2007（1）：83 – 88.

［69］韩胜娟. SPSS 聚类分析中数据无量纲化方法比较［J］. 科技广场，2008（3）：229 – 231.

［70］贺灿飞，潘峰华. 产业地理集中、产业集聚与产业集群：测量与识别［J］. 地理科学进展，2007（26）：1 – 13.

［71］纪韶，朱志胜. 中国城市群人口流动与区域经济发展平衡性研究——基于全国第六次人口普查长表数据的分析［J］. 经济理论与经济管理，2014（2）：5 – 16.

［72］金相郁. 中国城市全要素生产率研究：1990～2003［J］. 上海经济研究，2006（7）：14 – 23.

［73］柯孔林. 基于全域 ML 指数的区域碳排放绩效研究——以浙江省为例［J］. 浙江工商大学学报，2014（6）：80 – 88.

［74］李国璋，霍宗杰. 中国全要素能源效率、收敛性及其影响因素——基

于 1995～2006 年省际面板数据的实证分析 [J]. 经济评论, 2009 (6): 101 - 109.

[75] 李红锦, 李胜会. 基于 DEA 模型的城市群效率研究——珠三角城市群的实证研究 [J]. 软科学, 2011 (5): 91 - 95.

[76] 李胜会, 冯邦彦. 基于综合城市化的城市群效率研究——我国三大城市群的实证比较 [J]. 学术研究, 2012 (1): 66 - 73.

[77] 李胜会, 李红锦. 产业集聚规模效应对生产率影响的实证研究 [J]. 统计与决策, 2011 (5): 81 - 84.

[78] 李胜会, 李红锦. 要素集聚、规模效率与全要素生产率增长 [J]. 中央财经大学学报, 2010 (4): 59 - 66.

[79] 李树, 翁卫国. 我国地方环境管制与全要素生产率增长——基于地方立法和行政规章实际效率的实证分析 [J]. 财经研究, 2014 (2): 19 - 29.

[80] 李郇, 徐现祥, 陈浩辉. 20 世纪 90 年代中国城市效率的时空变化 [J]. 地理学报, 2005 (4): 615 - 625.

[81] 厉伟, 姜玲, 华坚. 基于三阶段 DEA 模型的我国省际财政支农绩效分析 [J]. 华中农业大学学报 (社会科学版), 2014 (1): 69 - 77.

[82] 梁琦. 中国工业的区位基尼系数——兼论外商直接投资对制造业集的影响 [J]. 统计研究, 2003 (9): 21 - 25.

[83] 刘秉镰, 李清彬. 中国城市全要素生产率的动态实证分析: 1990～2006——基于 DEA 模型的 Malmquist 指数方法 [J]. 南开经济研究, 2009 (3): 139 - 152.

[84] 刘建国, 李国平, 张军涛, 孙铁山. 中国经济效率和全要素生产率的空间分异及其影响 [J]. 地理学报, 2012 (8): 1069 - 1084.

[85] 刘世锦, 刘培林, 何建武. 我国未来生产率提升潜力与经济增长前景 [J]. 管理世界, 2015 (3): 1 - 5.

[86] 刘习平, 宋德勇. 城市产业集聚对城市环境的影响 [J]. 城市问题,

2013（3）：9-15.

[87] 刘修岩，贺小海，殷醒民．市场潜能与地区工资差距：基于中国地级面板数据的实证研究［J］．管理世界，2007（9）：48-55.

[88] 苗长虹．中国城市群发展态势分析［J］．城市发展研究，2005（4）：12-14.

[89] 宁越敏，丁洪俊．城市地理概论［M］．合肥：安徽科学出版社，1983.

[90] 宁越敏．中国大城市群的界定和作用——兼论长三角城市群的发展［M］//教育部人文社会科学重点研究基地，华东师范大学中国现代城市研究中心等．中国城市研究（第3辑）．北京：商务印书馆，2010.

[91] 潘丹，应瑞瑶．资源环境约束下的中国农业全要素生产率增长研究［J］．资源科学，2013（7）：1329-1338.

[92] 潘文卿．中国的区域关联与经济增长的空间溢出效应［J］．经济研究，2012（1）：54-65.

[93] 齐亚伟．碳排放约束下我国全要素生产率增长的测度与分解——基于SBM方向性距离函数和GML指数［J］．工业技术经济，2013（5）：137-146.

[94] 钱争鸣，刘晓晨．中国绿色经济效率的区域差异与影响因素分析［J］．中国人口·资源与环境，2013（7）：104-109.

[95] 师博，沈坤荣．市场分割下的中国全要素能源效率：基于超效率DEA方法的经验分析［J］．世界经济，2008（9）：49-59.

[96] 史丹．中国能源效率的地区差异与节能潜力分析［J］．中国工业经济，2006（10）：49-58.

[97] 陶长琪，齐亚伟．中国全要素生产率的空间差异及其成因分析［J］．数量经济的空间溢出效应，2010（1）：19-32.

[98] 王兵，黄人杰．中国区域绿色发展效率与绿色全要素生产率：2000—2010基于参数共同边界的实证研究［J］．产经评论，2014（1）：16-35.

[99] 王兵，肖海林．环境约束下长三角与珠三角城市群生产率研究——基于 MML 生产率指数的实证分析［J］．产经评论，2011（5）：100－114.

[100] 王兵，杨华，朱宁．中国各省份农业效率和全要素生产率增长——基于 SBM 方向性距离函数的实证分析［J］．南方经济，2011（10）：12－26.

[101] 王晶晶，黄繁华，于诚．服务业集聚的动态溢出效应研究——来自中国 261 个地级及以上城市的经验证据［J］．经济理论与经济管理，2014（3）：48－58.

[102] 王立恒．中国产业集聚与经济增长的实证研究——基于空间经济学视角［J］．科协论坛：下半月，2010（5）：115－116.

[103] 吴敬琏．中国经济最根本的一条出路在哪里［J］．国企，2015（11）：9.

[104] 肖金成，袁朱等．中国十大城市群［M］．北京：经济科学出版社，2009.

[105] 肖小龙，姚慧琴，常建新．中国西部城市群全要素生产率研究：2001～2010［J］．西北大学学报（哲学社会科学版），2012（5）：85－90.

[106] 肖小龙，姚慧琴．中国城市群生产率变迁及差异性考察［J］．当代经济科学，2013（6）：92－125.

[107] 徐盈之，彭欢欢，刘修岩．威廉姆森假说：空间集聚与区域经济增长——基于中国省域数据门槛回归的实证研究［J］．经济理论与经济管理，2011（4）：95－102.

[108] 姚士谋，陈振光，朱英明等．中国城市群［M］．合肥：中国科学技术大学出版社，2006.

[109] 叶裕民，陈丙欣．中国城市群的发育现状及动态特征［J］．城市问题，2014（4）：9－16.

[110] 于斌斌，金刚．中国城市结构调整与模式选择的空间溢出效应［J］．中国工业经济，2014（2）：31－44.

［111］余静文，王春超．城市群落崛起、经济集聚与全要素生产率——基于京津冀、长三角和珠三角城市圈的分析［J］．产经评论，2011（3）：140－150.

［112］袁春辉．中国城市环境全要素生产率的估算——基于 DEA 的 Malmquist－Luenberger 指数方法［J］．经济视角，2012（5）：32－33.

［113］袁晓玲，张宝山，杨万平．基于环境污染的中国全要素能源效率研究［J］．中国工业经济，2009（2）：76－86.

［114］岳立，王晓君．环境规制视域下我国农业技术效率与全要素生产率分析——基于距离函数研究法［J］．吉林大学社会科学学报，2013（4）：85－92.

［115］张学良．中国交通基础设施促进了区域经济增长吗——兼论交通基础设施的空间溢出效应［J］．中国社会科学，2012（3）：60－77.

［116］张学良．中国区域经济发展报告——中国城市群的崛起与协调发展［M］．北京：人民出版社，2013.

［117］张学良．中国区域经济发展报告——中国城市群资源环境承载力［M］．北京：人民出版社，2014.

［118］张学良．中国区域经济转变与城市群经济发展［J］．学术月刊，2013（7）：107－112.

附　录

城市群	2003 年	2004 年	2005 年	2006 年	2007 年	2008 年	2009 年	2010 年	2011 年	2012 年	2013 年
长三角	55997	62401	68271	73688	79096	85119	90174	95339	100965	105918	110424
珠三角	19259	21427	23448	25304	27081	29049	30677	32280	33980	35590	37112
京津冀	26219	29160	31886	34402	36848	39569	41844	44079	46451	48629	50582
武汉	7837	8713	9540	10317	11089	11952	12709	13482	14327	15129	15864
长株潭	6175	6859	7524	8167	8826	9565	10228	10890	11607	12285	12922
环鄱阳湖	4584	5109	5588	6052	6526	7063	7504	7956	8463	8934	9364
成渝	15909	17685	19391	21012	22655	24557	26196	27770	29418	30969	32390
海峡西岸	7629	8443	9189	9896	10628	11389	12042	12689	13386	14022	14598
辽中南	9324	10345	11320	12244	13165	14189	15046	15894	16814	17668	18441
山东半岛	18800	20954	23013	24948	26864	28926	30646	32365	34238	35973	37561
中原	6424	7194	7910	8579	9250	9991	10601	11208	11875	12497	13056
关中—天水	4479	4966	5441	5894	6343	6846	7292	7736	8205	8660	9097
哈长	8019	8892	9716	10497	11275	12124	12862	13602	14401	15136	15802
江淮	5054	5620	6142	6634	7137	7700	8158	8637	9172	9669	10122
北部湾	1519	1684	1838	1981	2118	2267	2395	2521	2656	2781	2894
呼包鄂榆	3582	3973	4354	4721	5084	5483	5834	6192	6571	6934	7270
晋中	2315	2570	2815	3044	3271	3546	3783	4019	4265	4495	4706

续表

城市群	2003 年	2004 年	2005 年	2006 年	2007 年	2008 年	2009 年	2010 年	2011 年	2012 年	2013 年
宁夏沿黄	1683	1868	2042	2204	2362	2537	2697	2859	3036	3203	3354
兰州—西宁	1852	2057	2251	2442	2627	2821	3004	3185	3371	3549	3712
黔中	2010	2229	2433	2622	2811	3022	3215	3403	3599	3784	3957
滇中	2719	3034	3345	3637	3926	4235	4502	4761	5026	5277	5511

附录 2　中国城市群个别年份产业专业化（MAR）集聚指数

城市群	2003 年	2005 年	2007 年	2009 年	2010 年	2011 年	2012 年	2013 年
长三角	1.213	1.265	1.352	1.344	1.322	1.286	1.309	1.361
珠三角	1.405	1.469	1.449	1.493	1.494	1.447	1.470	1.825
京津冀	2.036	2.378	1.786	1.823	1.825	1.780	1.822	1.775
武汉	1.615	1.929	1.883	1.892	1.507	1.468	1.273	1.233
长株潭	1.439	1.685	1.868	1.629	1.603	1.384	1.363	1.542
环鄱阳湖	4.003	3.922	5.456	3.185	3.222	2.827	2.653	1.363
成渝	1.857	1.861	1.900	1.863	1.785	1.601	2.847	3.044
海峡西岸	1.457	1.606	1.532	1.774	1.488	1.469	1.472	1.354
辽中南	1.969	2.068	2.952	3.840	4.241	4.221	3.724	3.133
山东半岛	2.071	1.783	1.531	1.432	1.508	1.616	1.624	1.501
中原	2.508	2.504	2.433	2.561	2.461	2.677	2.838	2.554
关中—天水	1.281	1.315	1.654	1.269	1.308	1.351	1.419	8.963
哈长	1.911	2.018	3.320	3.930	4.289	5.234	3.458	3.894
江淮	1.332	1.466	1.411	1.414	1.454	3.208	2.168	1.705
北部湾	1.885	2.044	2.795	2.463	2.621	2.779	2.736	2.256
呼包鄂榆	1.670	1.855	1.908	2.394	2.560	3.131	3.470	4.720
晋中	4.945	5.791	5.473	5.931	6.444	6.945	7.350	9.415
宁夏沿黄	2.431	4.404	3.947	3.979	4.312	4.275	3.931	3.420
兰州—西宁	1.606	1.629	1.645	1.372	1.422	1.407	1.856	1.582
黔中	1.535	1.869	1.681	1.522	1.575	1.756	1.716	2.405
滇中	1.250	1.329	1.532	1.755	1.942	1.993	2.439	2.731

附录3　中国城市群个别年份产业多样化（Jacobs）集聚指数

城市群	2004 年	2006 年	2008 年	2009 年	2010 年	2011 年	2012 年	2013 年
长三角	0.799	0.767	0.734	0.744	0.756	0.778	0.764	0.735
珠三角	0.679	0.696	0.693	0.670	0.669	0.691	0.680	0.548
京津冀	0.428	0.555	0.549	0.549	0.548	0.562	0.549	0.563
武汉	0.551	0.430	0.463	0.529	0.664	0.681	0.785	0.811
长株潭	0.699	0.566	0.574	0.614	0.624	0.723	0.734	0.649
鄱阳湖	0.252	0.192	0.363	0.314	0.310	0.354	0.377	0.733
成渝	0.518	0.533	0.523	0.537	0.560	0.625	0.351	0.329
海峡西岸	0.632	0.639	0.662	0.564	0.672	0.681	0.679	0.739
辽中南	0.511	0.367	0.277	0.260	0.236	0.237	0.269	0.319
山东半岛	0.517	0.611	0.683	0.698	0.663	0.619	0.616	0.666
中原	0.413	0.435	0.408	0.390	0.406	0.374	0.352	0.392
关中—天水	0.690	0.796	0.711	0.788	0.764	0.740	0.705	0.112
哈长	0.508	0.350	0.287	0.254	0.233	0.191	0.289	0.257
江淮	0.711	0.716	0.667	0.707	0.688	0.312	0.461	0.587
北部湾	0.503	0.377	0.349	0.406	0.382	0.360	0.366	0.443
呼包鄂榆	0.588	0.539	0.524	0.418	0.391	0.319	0.288	0.212
晋中	0.187	0.175	0.162	0.169	0.155	0.144	0.136	0.106
宁夏沿黄	0.211	0.235	0.261	0.251	0.232	0.234	0.254	0.292
兰州—西宁	0.665	0.642	0.705	0.729	0.703	0.711	0.539	0.632
黔中	0.621	0.568	0.644	0.657	0.635	0.570	0.583	0.416
滇中	0.783	0.770	0.637	0.570	0.515	0.502	0.410	0.366

附录4　长江中游城市群各城市专业化集聚（MAR）指数

城市	2003 年	2005 年	2007 年	2009 年	2011 年	2012 年	2013 年
南昌	1.505	1.337	1.471	1.606	1.518	1.448	1.714
景德镇	2.045	1.914	2.110	2.022	2.146	2.530	3.679
萍乡	7.068	6.589	6.675	7.498	7.434	9.199	5.732

续表

城市	2003 年	2005 年	2007 年	2009 年	2011 年	2012 年	2013 年
九江	1.414	1.630	1.654	1.679	1.754	1.718	1.910
新余	5.174	5.071	5.772	2.096	1.924	2.162	1.582
鹰潭	1.884	2.361	3.213	5.658	8.210	7.787	1.311
吉安	1.923	1.945	2.057	2.274	3.382	3.571	3.667
宜春	5.998	4.705	3.888	3.879	3.558	3.900	3.756
抚州	1.406	1.438	1.513	1.645	2.129	1.857	1.655
上饶	1.761	1.833	2.008	3.512	5.457	7.104	1.730
武汉	2.063	1.617	1.462	1.734	1.751	1.686	1.571
黄石	4.836	6.167	5.850	5.728	4.644	3.959	3.784
宜昌	2.171	2.438	3.126	2.472	1.819	2.119	1.869
襄阳	1.300	1.260	1.266	2.073	1.201	1.417	1.309
鄂州	2.413	3.264	3.508	1.830	2.224	2.430	1.634
荆门	1.778	2.482	1.475	1.529	2.130	1.858	2.699
孝感	1.641	1.620	1.562	1.504	2.089	2.005	2.056
荆州	1.640	2.038	2.065	3.421	2.835	3.088	3.381
黄冈	1.537	1.505	1.380	1.852	1.554	1.705	5.398
咸宁	1.223	1.258	1.336	1.465	1.491	1.564	1.618
长沙	1.850	2.493	2.465	2.215	1.917	1.862	1.787
株洲	1.469	1.555	1.471	1.393	1.296	1.250	1.486
湘潭	1.614	1.849	1.987	1.453	1.388	1.722	1.598
衡阳	2.715	1.905	2.090	2.081	1.944	1.686	2.176
岳阳	1.693	1.892	1.550	3.692	4.093	1.382	1.472
常德	1.650	1.409	1.415	1.300	1.383	1.344	1.387
益阳	3.164	1.539	1.560	1.707	1.522	1.526	1.563
娄底	3.236	1.588	1.970	1.938	4.896	5.174	5.531

附录5　长江中游城市群各城市多样化集聚（Jacobs）指数

城市	2003 年	2005 年	2007 年	2009 年	2011 年	2012 年	2013 年
南昌	0.664	0.748	0.680	0.623	0.659	0.691	0.583
景德镇	0.489	0.522	0.474	0.495	0.466	0.395	0.272
萍乡	0.141	0.152	0.150	0.133	0.135	0.109	0.174
九江	0.707	0.614	0.605	0.596	0.570	0.582	0.524
新余	0.193	0.197	0.173	0.477	0.520	0.463	0.632
鹰潭	0.531	0.423	0.311	0.177	0.122	0.128	0.763
吉安	0.520	0.514	0.486	0.440	0.296	0.280	0.273
宜春	0.167	0.213	0.257	0.258	0.281	0.256	0.266
抚州	0.711	0.695	0.661	0.608	0.470	0.538	0.604
上饶	0.568	0.546	0.498	0.285	0.183	0.141	0.578
武汉	0.485	0.618	0.684	0.577	0.571	0.593	0.637
黄石	0.207	0.162	0.171	0.175	0.215	0.253	0.264
宜昌	0.461	0.410	0.320	0.405	0.550	0.472	0.535
襄阳	0.769	0.794	0.790	0.482	0.833	0.706	0.764
鄂州	0.414	0.306	0.285	0.546	0.450	0.412	0.612
荆门	0.562	0.403	0.678	0.654	0.469	0.538	0.371
孝感	0.609	0.617	0.640	0.665	0.479	0.499	0.486
荆州	0.610	0.491	0.484	0.292	0.353	0.324	0.296
黄冈	0.650	0.664	0.725	0.540	0.644	0.586	0.185
咸宁	0.818	0.795	0.748	0.682	0.671	0.639	0.618
长沙	0.541	0.401	0.406	0.451	0.522	0.537	0.560
株洲	0.681	0.643	0.680	0.718	0.772	0.800	0.673
湘潭	0.619	0.541	0.503	0.688	0.720	0.581	0.626
衡阳	0.368	0.525	0.479	0.480	0.514	0.593	0.460
岳阳	0.591	0.529	0.645	0.271	0.244	0.724	0.679
常德	0.606	0.710	0.707	0.769	0.723	0.744	0.721
益阳	0.316	0.650	0.641	0.586	0.657	0.655	0.640
娄底	0.309	0.630	0.508	0.516	0.204	0.193	0.181

附录6 长江中游城市群城市距离的空间权重矩阵

单位：千米

	景德镇	南昌	萍乡	九江	新余	鹰潭	宜春	上饶	吉安	抚州	武汉	黄石	荆州	宜昌	襄樊	鄂州	荆门	黄冈	孝感	咸宁	衡阳	长沙	株洲	湘潭	岳阳	常德	益阳
景德镇	0																										
南昌	131.2	0																									
萍乡	363.0	231.9	0																								
九江	123.8	117.6	312.6	0																							
新余	263.1	135.5	108.3	237.5	0																						
鹰潭	106.6	119.8	318.8	193.8	210.7	0																					
宜春	308.8	178.1	55.3	266.0	54.3	263.9	0																				
上饶	116.5	201.6	412.3	237.9	304.3	93.6	357.3	0																			
吉安	313.4	197.4	125.6	308.7	78.2	238.5	96.6	329.2	0																		
抚州	161.7	91.6	243.0	202.5	134.8	79.1	188.9	171.9	160.0	0																	
武汉	310.6	262.1	331.4	186.9	315.2	369.8	310.6	424.3	392.9	352.6	0																
黄石	226.4	189.6	312.5	102.7	269.9	289.8	279.0	340.5	347.5	281.2	84.3	0															
荆州	482.3	395.6	337.6	362.3	381.9	515.0	348.9	587.2	445.5	472.8	195.9	268.9	0														
宜昌	581.5	496.6	422.9	460.2	477.6	616.6	440.9	687.6	537.3	573.1	284.9	363.5	101.0	0													
襄樊	569.4	519.9	520.8	446.7	544.8	631.0	522.1	684.5	616.3	608.1	261.5	344.3	194.6	170.9	0												
鄂州	253.0	216.8	325.9	129.9	290.8	317.9	296.0	367.7	368.9	308.3	58.8	28.1	250.2	342.2	316.8	0											

续表

	景德镇	南昌	萍乡	九江	新余	鹰潭	宜春	上饶	吉安	抚州	武汉	黄石	荆州	宜昌	襄樊	鄂州	荆门	黄冈	孝感	咸宁	衡阳	长沙	株洲	湘潭	岳阳	常德	益阳
荆门	511.4	441.0	412.0	388.0	446.2	557.9	418.2	622.6	514.1	524.4	204.2	287.1	80.2	93.8	114.3	263.0	0										
黄冈	257.1	222.1	330.4	134.2	296.0	322.8	300.9	372.0	374.2	313.7	55.9	33.1	248.8	340.1	312.5	5.4	260.1	0									
孝感	362.1	316.1	369.2	238.9	363.9	423.9	353.8	476.7	439.9	406.3	54.2	136.3	171.7	249.2	208.0	109.1	161.6	105.0	0								
咸宁	284.1	207.9	256.4	165.1	242.3	323.9	235.1	390.6	319.3	294.3	75.6	84.8	198.2	297.6	314.1	81.6	233.9	84.2	121.0	0							
衡阳	509.8	378.8	147.1	455.9	250.4	459.7	201.1	553.2	235.2	381.7	441.7	441.5	383.7	444.1	578.4	463.8	453.5	468.3	453.5	371.9	0						
长沙	415.6	288.3	105.3	336.2	195.3	394.1	143.3	485.1	230.0	325.0	293.5	302.4	247.4	324.4	438.3	306.9	325.9	310.2	306.9	226.6	149.8	0					
株洲	412.8	282.7	71.9	344.6	173.6	380.8	119.7	473.4	197.1	307.8	323.1	322.7	289.2	366.2	479.9	330.4	367.4	334.1	330.4	252.5	119.4	42.2	0				
湘潭	433.6	303.9	94.6	361.8	197.1	403.5	143.0	495.9	219.3	330.9	329.6	334.7	281.1	353.7	473.7	340.7	360.3	344.2	340.7	261.3	112.8	37.1	23.3	0			
岳阳	387.0	281.3	207.7	279.4	249.5	400.6	215.6	480.9	312.2	349.5	175.7	211.1	133.3	228.3	313.3	205.6	204.5	207.3	205.6	126.3	280.7	131.8	170.2	168.9	0		
常德	523.3	409.0	261.7	419.7	343.6	525.0	295.6	610.6	386.6	464.3	302.2	350.1	153.1	190.7	340.7	316.8	228.8	299.9	316.8	235.4	254.8	156.5	194.3	176.5	140.9	0	
益阳	466.7	345.5	182.5	373.2	267.5	457.8	218.2	546.2	307.1	393.3	289.3	319.1	192.4	256.1	387.0	407.7	272.6	318.9	316.8	235.8	191.7	77.2	115.4	99.1	113.6	79.3	0
娄底	523.2	394.3	181.4	445.3	287.3	494.7	233.0	587.2	300.9	421.6	386.2	406.2	289.4	338.8	482.0	401.8	369.0	410.4	401.8	326.1	111.1	109.1	114.0	91.3	211.7	148.0	101.7